Sommaire

ANNEXES

Je peux prendre n'importe quel espace vide et l'appeler une scène.
Quelqu'un traverse cet espace vide
pendant que quelqu'un d'autre l'observe
et c'est suffisant pour que l'acte théâtral soit amorcé.

Peter Brook

Corbeil-Essone,
le 22 juin 1994

Chers Alain Heril et Dominique Megrier,

Je sais en tant que voisin de travail sur la même ville, le soin que vous apportez à vos interventions de formation face à des publics très différenciés. Vous enseignez les règles élémentaires du théatre et vous constituez ainsi des petits groupes qui peuvent ensuite choisir de voler de leurs propres ailes.

Pour aller plus loin, cet ouvrage leur sera ô combien utile ! Les lecteurs pourront vérifier la portée et le pourquoi des exercices amorcés avec vous.

Je souhaite donc à votre ouvrage d'être lu avec la plus grande attention par ceux qui vont apprendre à se rencontrer par le théâtre.

Jean-Claude Penchenat
Directeur du théâtre du Campagnol
Centre dramatique national
de Corbeil-Essonnes

AVANT-PROPOS

Le théâtre est un art de la communication. Il permet de dire, d'exprimer, de développer des idées au travers d'émotions diverses, multiples, et cette multiplicité, cette richesse, sont données par la matière même de ce que nous sommes.

Ce livre s'adresse, bien entendu, à ceux qui dirigent des ateliers, aux metteurs en scène, mais aussi à ceux pour lesquels ces exercices peuvent être d'un grand profit dans leur propre développement : les adolescents.

L'adolescence est une période difficile d'émancipation et de maturation. C'est l'heure d'une révolte douce et confuse contre le monde et ses rigidités, l'heure de la prise de conscience et de la volonté de dire maladroitement qui on est, qui on voudrait être.

La «tâche» de toute personne travaillant le théâtre avec des adolescents est de respecter les étapes de maturation en œuvrant pour que les conflits internes ne dérivent pas en conflits ineptes, en prises de position fermées, mais bien plutôt, par la créativité, en réflexions et en affirmations du jeune adulte, du jeune citoyen.

Notre approche est de donner des outils pratiques à ceux qui désirent mettre en place une sensibilisation théâtrale, dans le cadre d'ateliers, de stages, de séminaires. Notre optique de travail tend à redonner une place centrale au corps, à l'espace, à la notion de contact, à tout ce qui, en définitive, s'expérimente avant même l'approche du texte au sein d'un groupe.

Un groupe est une entité vivante, mouvante faite de personnalités hétéroclites et la pratique du théâtre, art collectif, permet à chaque individu d'être à son plus haut

niveau de jeu (de je !) au service de ce collectif. Le théâtre est un moyen de socialisation. Il permet de retrouver la fraternité dans le groupe parce que toutes et tous vont dans le même sens : donner aux spectateurs la matérialisation d'un travail, «le meilleur de ce que l'on est». Et cela se prépare, se construit. Avec patience et effort. Avec plaisir et rigueur.
Nous parcourons la vie en cherchant les preuves tangibles que nous sommes «dignes d'amour». Chacun de nos gestes, chacune de nos paroles sont à la recherche de signes de reconnaissance palpables et concrets. Ce que les exercices d'approche théâtrale permettront c'est l'affirmation de ce mouvement vital, en le faisant passer symboliquement du corps à l'espace, de l'espace à la respiration et de la respiration au contact et à l'expression.
«Être aimé!», que l'on soit amateur, professionnel, jeune ou moins jeune, c'est cela que le théâtre donne. Ce sentiment d'amour et de certitude ainsi que la satisfaction précieuse d'avoir pu aller au fond de soi-même avec délice et jubilation. C'est donc un éveil que nous proposons, en n'hésitant pas d'ailleurs à aller sur des terrains peu théâtraux mais à notre sens nécessaires : yoga, énergie, relaxation... Ces techniques alimentent l'approche théâtrale parce qu'elles la rendent plus souple et plus détendue et permettent à l'expressivité et au jeu de se développer avec moins d'inhibitions.

CONSEILS

Conseils aux meneurs et aux exécutants

Attention et respect

L'art théâtral, peut-être plus que tout autre, fait appel à la personne humaine tout entière, à son physique, son caractère, son mental, sa sensibilité. Il est important que le meneur en ait conscience pour pouvoir utiliser, au maximum, les possibilités de chaque individu et ne pas commettre d'erreur d'ordre psychologique : attention et respect seront ses maîtres mots.

Mais le comédien doit, lui aussi, avoir le respect de celui qui le dirige. Livrer sa personnalité physique, psychique et morale demande beaucoup d'abnégation de sa part : il s'agit d'être le reflet de ce que le meneur veut traduire sur le plateau.

Il y a donc réciprocité : respect et attention de la part du meneur envers son comédien, qui est le médiateur de sa création; et de la part du comédien envers le meneur. C'est la base d'un vrai travail, d'une réelle création: seul, l'exécutant n'est rien; seul, le meneur n'est rien.

Concentration

Le monde stressant, trépidant dans lequel nous vivons nous aide-t-il à nous concentrer? Sans concentration que pouvons-nous réussir? Que pouvons-nous comprendre, donner, apprendre?

Le théâtre étant, à notre sens, l'école de la vie, la concentration doit être aussi importante «à la scène, qu'à la ville», c'est pourquoi, développer le pouvoir de concentration des participants est un des rôles du meneur.

Imagination
Il s'agit de solliciter et de développer au maximum l'imagination des participants au travers de tous les exercices proposés en plaçant chacun dans des situations peu communes. L'animateur incitera à nourrir et à développer cette imagination en mettant l'accent sur le fait que le théâtre peut parfois se servir du cinéma, de la littérature, de la musique, etc. Films, livres, musique, spectacles doivent être la nourriture culturelle de tout comédien. Au meneur à donner le goût de cette recherche culturelle.

Pratique
Que peut demander un enseignant à son élève si lui-même ne l'a pas vécu? S'il ne sait pas si ce qu'il propose est réellement «faisable»? Il est difficile d'admettre qu'un animateur n'ait pas pratiqué le jeu théâtral lui-même, l'expérience d'être sur un plateau en situation de «recherche», de «tâtonnement», de «don».

Spectateur
Certains des exercices doivent être exécutés par une seule personne : il nous paraît indispensable que le groupe se place face à elle, en tant que spectateur, et l'aide par sa propre concentration. Cette situation est ce que nous appelons «les fondations de l'édifice théâtral» : un acteur, un spectateur, un lieu.
Mais il est aussi important de donner une éducation de spectateur et de spectateur critique; donc le plus souvent possible, placez les «apprentis comédiens» de l'autre côté du mur, sur le siège du spectateur...

Espaces
Si l'activité théâtrale se déroule dans un contexte scolaire, choisissez des lieux assez vastes (réfectoires, préaus ou salles spécifiques...) de préférence aux salles de classe dont l'exiguïté est un handicap au bon fonctionnement de l'atelier. Il s'agit de trouver la magie, le secret du lieu, ses possibilités et d'adapter le jeu au lieu plutôt que l'inverse.

Lâcher-prise
Nous employons très souvent ce terme, qui correspond à l'un des états fondamentaux du comédien et de l'élève comédien. Par lâcher-prise il faut entendre «non-cérébralité». C'est l'état que l'on atteint quand, au-delà d'une simple détente, l'esprit est enfin mis en sommeil. On a alors une grande réceptivité et une grande disponibilité.

Don
Tous les exercices, toutes les séances de travail doivent se faire dans la joie, le don, la bonne humeur, la rigueur, le respect, l'humilité. C'est au meneur, en premier lieu, à susciter cela chez les participants, mais aussi aux participants à progresser dans cet état d'esprit.

Confiance
Le meneur aura comme règle de ne jamais mettre les participants en «danger» (moral, physique ou psychologique), mais bien de travailler dans un climat de perpétuelle et mutuelle confiance et d'émulation.

Pictogrammes

En tête de chaque jeu,
une série de pictogrammes
résume
les caractéristiques de l'exercice.

Conduite de l'exercice

- exercice exécuté par couple
- exercice exécuté seul face au groupe
- exercice exécuté deux par deux
- exercice exécuté par tout le groupe (maximum 15 personnes, idéalement 10 à 12)
- exercice exécuté à deux face au groupe
- exercice exécuté par tout le groupe divisé en deux
- exercice exécuté par 6 personnes autour de la septième, passive

Domaine abordé

Certains exercices sont placés dans un chapitre mais correspondent également à plusieurs autres chapitres, nous le signalons par :

- fait appel aussi à l'espace
- fait appel aussi au corps
- fait appel aussi à la respiration
- fait appel aussi au contact
- fait appel aussi à l'improvisation
- fait appel à l'état

Déroulement d'une séance type

La séance proposée ici n'est qu'un modèle où chacun des chapitres du livre est représenté. Une telle séance (dite «générale») peut être reprise tout au long de l'année, mais sans lui donner un caractère figé. Il est même souhaitable, en fonction des besoins du groupe, de l'atelier ou du spectacle éventuel, de la faire évoluer selon les situations :
– pour une séance de travail individuel, débutant toujours par une préparation et un temps de contact collectifs (ex. : «À vous de jouer», exercice 31) et se terminant par un retour au groupe dans le cercle final ;
– pour une séance de travail collectif ;
– pour une séance de travail de contact ;
– pour une séance de travail d'improvisation.

Cette dernière doit être préparer très méticuleusement par un travail collectif et de contact dans les séances précédentes et en début de séance spécifique. Pour une telle séance (de 2 heures environ) prévoir :
– une entrée dans le travail de 10 minutes ;
– un travail collectif et de contact de 30 minutes ;
– de consacrer, la fin de la séance, à l'improvisation collective et/ou individuelle.

Remarques préliminaires

• Durée de la séance : environ 2 heures.
• Les participants doivent adopter une tenue spécifique (vêtements amples style jogging, tee-shirt, caleçon ne

gênant ni les mouvements, ni la respiration, pieds nus ou en chaussettes) pour bien marquer que ce temps est un temps particulier. Nous ne sommes pas «en costume de ville» car nous sommes à un «moment extra-ordinaire» de notre quotidien. C'est, à notre sens, le premier impératif d'entrée dans le travail.

• Nous marquerons, à chaque séance, un temps «d'entrée» dans le travail et un temps de «fin» de travail. En effet le temps d'atelier, ce moment de rencontre théâtrale pour chaque participant du groupe est et doit être un moment «hors du temps quotidien» : nous devons donc tenter de faire abstraction de ce qui s'est passé «avant» et de ce qui se passera «après» la séance.
Notre physique et notre mental doivent être entièrement consacrés à ce qui se passe au moment précis du travail.

Enchaînement des exercices

1. Entrée dans le travail

Les participants et le meneur forment un cercle en se donnant les mains ainsi :
- main droite : paume vers le bas : elle donne ;
- main gauche : paume vers le haut : elle reçoit.

Demander aux participants de fermer les yeux et de simplement fixer leur attention sur leur respiration. Puis faire visualiser mentalement ce qu'ils ont fait avant de venir, le trajet, leur arrivée, le changement de vêtements, la formation du cercle. Ensuite leur faire visualiser le cercle ainsi formé, les différents participants qui vont partager ce «moment» privilégié.
Le temps d'entrée dans le travail est laissé à l'appréciation du meneur : ce n'est qu'une fois qu'il aura été intégré que le travail physique pourra commencer.

2. Travail physique

- Soit des exercices de yoga ou d'échauffement ; ex.: «Le chat», exercice 4.
- Soit un travail sur l'énergie; ex.: «Palper l'espace», exercice 11.

3. Respiration
– Préparation : «Neti-krya», exercice 21.
– Exercice de respiration : ex. : «Flux et reflux», exercice 23.

4. Dynamisation :
ex. : «Sauts de puce», exercice 8.

5. Travail sur l'espace :
ex. : «Visions réelles», exercice 15.

6. Travail de contact :
ex. : «Prend/Donne» et «L'épaule dénudée», exercices 26 et 32.

7. Dynamisation :
ex. : «Marchons sous la pluie», exercice 7.

8. Jeu dramatique :
travail d'improvisation: ex. : «La ronde du caméléon» et «Spaghettis et vertugadin», exercices 38 et 40.

9. Relaxation ou massages:
ex. : «Peau à peau» ou «Le voyage astral», exercice 12 ou 49.

10. Sortie du travail
Demander aux participants de former à nouveau un cercle en se donnant les mains de la même façon que pour l'entrée dans le travail (il est important que le meneur se place parmi les participants car il n'est plus ici celui qui dirige, qui conseille, mais une des personnes qui vient de participer au travail : il est membre du groupe). Faire retrouver calme et plénitude au groupe en faisant pratiquer 2 ou 3 respirations profondes, puis tout le monde se lâche les mains très doucement et ouvre les yeux. Pour bien marquer la sortie du travail, demander aux participants de faire un pas en arrière.

Exemple de stage en internat

Pour aider des animateurs à organiser un stage en internat, nous vous présentons ici, à titre d'exemple, une expérience réelle de stage en internat avec des adolescents, sur le thème «Improvisation et énergies».

Notre vie dans l'art et l'art dans notre vie

À l'adolescence, la vie en collectivité est à la fois fascinante et difficile à vivre car cela demande beaucoup de don de soi, d'attention à l'autre. D'autre part, ce que nous sommes au théâtre est le reflet de ce que nous sommes dans l'existence; mais le théâtre peut aussi nous transformer, nous aider à mieux vivre certains passages difficiles. C'est pourquoi le stage en internat nous semble révéler ces trois aspects et nous incite à placer notre vie dans l'art et l'art dans notre vie.

La durée du stage

Un stage d'une semaine permet un travail en profondeur. Il n'est pas conseillé de le faire durer plus longtemps. Dans l'exemple que nous présentons ici, une attention soutenue est demandée et la fatigue, en fin de semaine, se fait réellement sentir.

Le lieu

Nous préconisons un endroit calme, si possible en dehors d'une ville, avec des lieux de vie et de travail bien différenciés.

Le théâtre exclusivement

Pour un tel stage (intensif : environ 47 heures de travail pour une semaine), il est nécessaire que les stagiaires ne se préoccupent que du travail théâtral, l'intendance devant être assurée par une personne engagée à cet effet (seul l'entretien des chambres et des dortoirs reste à la charge des stagiaires).

Les repas

Ils font partie du travail, comme temps d'échange, de libération, où l'on peut exprimer ses ressentis. Chacun sera donc tenu d'y assister.

Le matériel

Voici à titre indicatif le matériel qui nous a été nécessaire: un «paper-board», des feutres, des éléments pour les costumes (tissu, manteaux, chapeaux, robes, chaussures...), des accessoires (valises, bougies, livres sur la peinture, musique...).

Vers l'improvisation

C'est dans l'improvisation que le don se réalise, c'est dans l'improvisation que le contact, l'espace, la voix trouvent leur finalité.
Il nous est apparu intéressant de travailler durant une semaine avec cet objectif final : improviser. Le travail préparatoire (de contact, d'espace, physique, etc.) trouvait ici toute sa raison d'être puisqu'il était la base de l'improvisation.
En premier lieu nous avons travaillé l'improvisation individuelle afin que chaque participant progresse dans son jeu et puisse donner le maximum de lui-même dans l'improvisation collective.

Le thème

Le thème de travail de la semaine fut le roman *Monsieur Butterfly* d'Howard Buten, non que les objectifs de ce stage aient été l'adaptation et l'interprétation de ce roman, mais parce qu'il allait être un déclencheur. Les thèmes dégagés (les autres avec leurs différences, l'incommunicabilité, la solitude, l'amour) pouvaient servir de références et de bases de travail et apporter la confiance nécessaire. D'autre part, ces thèmes nous semblaient correspondre à l'attente et aux questionnements des personnes avec lesquelles nous allions travailler.

Énergies

Il nous a semblé important de travailler aux différentes heures d'une journée (matin, après-midi, soirée et nuit) afin que chacun puisse confronter ses énergies avec des stimulations temporelles différentes et variées. Cela dans le but de mieux se connaître et de travailler à développer son énergie pour la communiquer aux autres, apprendre à la partager, la donner, la prendre, selon l'état du moment.

Emploi du temps

Vous trouverez en annexe, p. 106, une description très détaillée de chaque journée et des exercices réalisés.

Après

En guise de conclusion, voici quelques extraits de lettres envoyées par les stagiaires :

«J'étais venue plus ou moins neutre, sans trop savoir ce que j'avais à faire là, un peu passivement et j'ai pris conscience (ou plutôt j'ai commencé à prendre conscience) de ce qui me lie au théâtre, ou plutôt ce que j'ai concrètement à faire avec le théâtre.»

«Ce que j'ai beaucoup aimé ce sont les horaires qui n'étaient jamais les mêmes : c'est qu'il n'y avait pas d'habitudes.»

«J'ai aimé tous les exercices de concentration, de relaxation. S'intégrer à un groupe est difficile mais là il n'y a jamais eu de heurts, de confrontation; tout s'est déroulé dans l'harmonie.»

«Ce fut une semaine très enrichissante, humainement et spirituellement. Je résumerai en quelques mots mes sensations : disponibilité, partage, échange, émotion, plaisir, bien-être, tendresse, chaleur, confiance, harmonie, vitalité, don, beauté, amour.»

«Donner, recevoir, une espèce de vague incessante, plus ou moins forte, plus ou moins bouillonnnante, qui a atteint quelquefois un sommet inconnu jusqu'alors.»

«Ne pas pouvoir écrire, vouloir tout garder pour moi pour ne rien partager car il n'y a que des bonnes choses et quand elles sont dévoilées, elles sont oubliées. Pardon.»

«Je suis heureuse d'avoir été là, heureuse d'avoir partagé celle que je suis avec nous tous, heureuse d'avoir reçu, heureuse d'avoir donné.»

«Je ne peux pas et ne veux pas écrire les sensations que j'ai ressenti pendant ce stage : elles sont encore trop fortes et trop nouvelles pour que j'arrive à les décrire.»

«Moments intenses d'émotion, de rire, de larmes, partagés... Regards?... Envie d'embrasser ou de mordre. Prendre plaisir. Se sentir frustrée et se retenir. S'élancer, se défouler, se calmer, recommencer.»

Et voici le texte que nous leur avons remis à la fin du stage, et qui était notre conclusion :

La présence de l'acteur se mesure à l'écoute de ce qui en lui n'est pas lui, la meute, la horde des autres en lui. Ma présence en scène, ce n'est pas ce qui est en moi, c'est tout ce qui est dessous, diffus, dissous mais non résolu, non révolu; passé, à venir, autre... Le grand acteur ne montre pas une «concentration», un super moi, mais une distraction au contraire, abouché qu'il est à «de l'autre». C'est dans son propre effacement qu'il s'inscrit. C'est sur l'autre qu'il veille.

Qu'est-ce qu'il transmet ? De la présence sans possession, de l'être sans savoir. Je veux dire de l'amour. Il n'y a pas de «gage» à donner, pas de «certificat de souffrance» de l'artiste. Au théâtre, ce qui doit se jouer avant toute autre chose, c'est simplement, le bonheur de faire du théâtre.

Daniel Mesguich
L'Éternel éphémère

EXERCICES

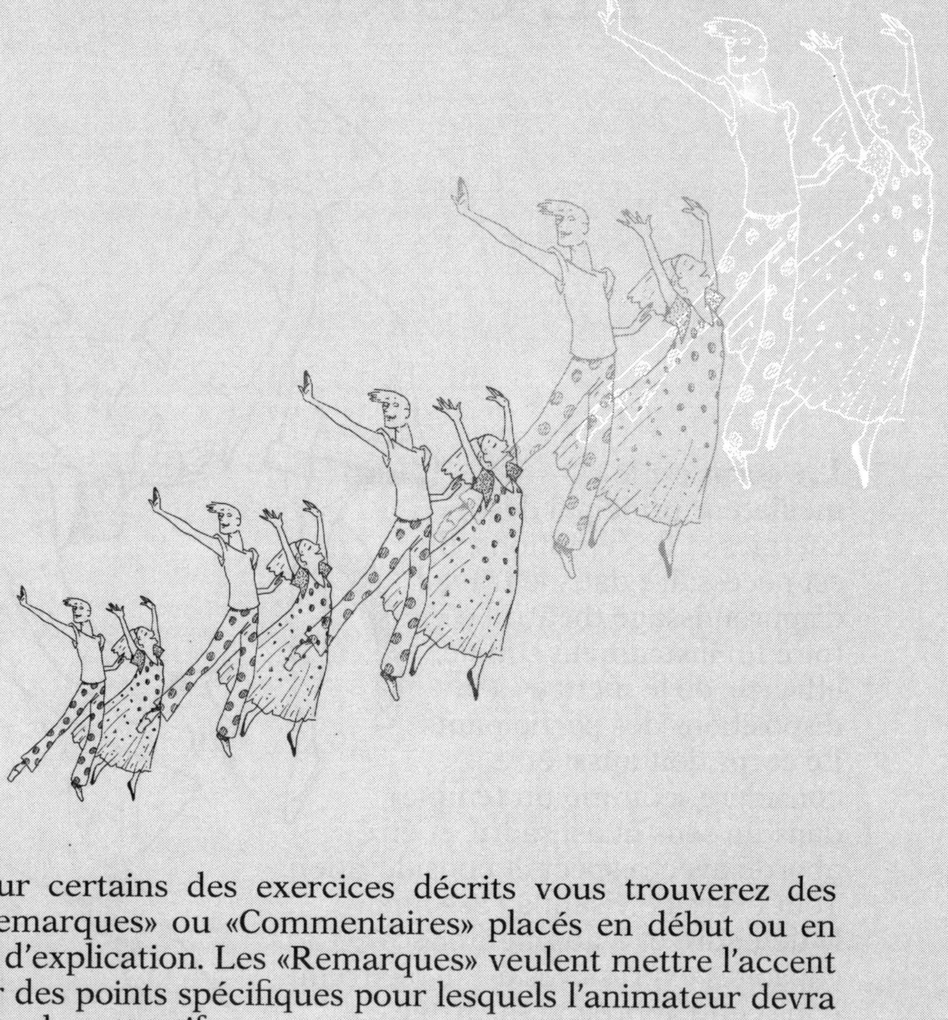

Pour certains des exercices décrits vous trouverez des «Remarques» ou «Commentaires» placés en début ou en fin d'explication. Les «Remarques» veulent mettre l'accent sur des points spécifiques pour lesquels l'animateur devra être plus attentif.

Les «Commentaires» insistent sur des points plus pédagogiques, mais surtout psychologiques, ainsi que le travail théâtral et de mise en scène: pour tel comédien rencontrant tel problème dans telle mise en scène, nous vous proposons nos propres solutions.

LE CORPS

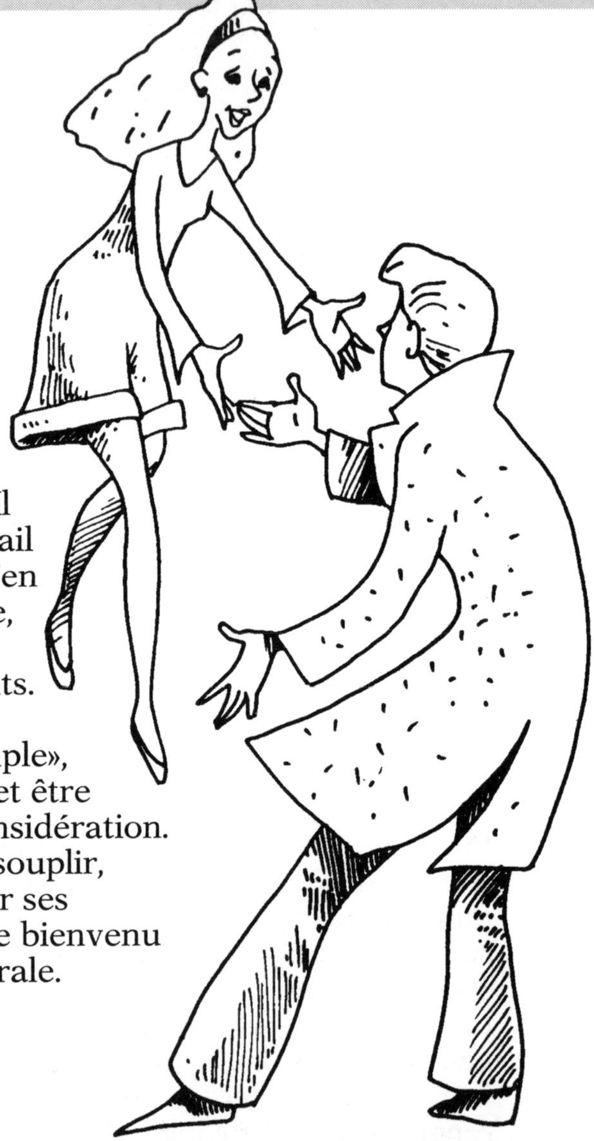

Le corps est le médiateur principal des énergies et des émotions. Il est nécessaire dans le travail d'apprentissage théâtral d'en faire un instrument souple, efficace, de le mettre «à la disposition» des participants. Le corps doit aussi être considéré «comme un temple», dans un sens quasi sacré, et être abordé avec respect et considération. Tout exercice visant à l'assouplir, le détendre et à augmenter ses capacités expressives est le bienvenu dans cette approche théâtrale.

Échauffement

Les exercices d'échauffement ont deux buts principaux :
– mettre l'individu en disponibilité,
– marquer, de façon active, l'entrée dans le travail de préparation à l'expression théâtrale.
Ces exercices se situeront donc en début de séance principalement.
Il ne devront pas occuper une plage de temps trop importante : sur une séance d'une heure et demie, un quart d'heure d'échauffement est largement suffisant.
Ceux qui désirent utiliser d'autres exercices que ceux décrits ici peuvent se reporter à notre précédent ouvrage : *60 exercices d'entraînement au théâtre* (Éditions Retz).

Exercice 1 : Tapes amicales, p.24.
Exercice 2 : Presser le citron, p.25.

1 Tapes amicales

Objectifs Détente.
Toucher/Contact.
Préparation au travail.

Déroulement Tous les participants sont debout et répartis dans l'espace de travail, deux par deux. L'un se laisse «mener» par l'autre. Celui qui agit détend le corps de son partenaire en tapotant avec la paume de la main chaque partie du corps l'une après l'autre. Celui qui est passif peut à sa convenance fermer ou ouvrir les yeux, mais il doit toujours garder les pieds solidement ancrés dans le sol.

Le but de cet échauffement est de détendre la surface musculaire par le léger abandon auquel le passif accepte de se laisser aller. S'il résiste, la main de l'autre viendra le heurter. S'il «lâche», la main de l'autre inscrira en lui, outre l'échauffement par petits contacts répétés et vifs, l'impression d'être comme une voile légère ballottée agréablement par un vent chaud en été.

Il n'y a pas *a priori* d'enchaînement particulier dans ces tapes amicales. On peut tapoter l'épaule et ensuite le mollet. Mais celui qui est actif doit réguler sa «frappe» afin de ne jamais crisper l'autre, même si celui-ci ne se laisse pas vraiment aller.

► *Cette exercice ne doit pas durer plus de 10 à 15 minutes afin de ne pas glisser dans une douce léthargie : même s'il est agréable, il vise avant tout à la vigilance.*

2 Presser le citron

GROUPE

Objectifs

Échauffement de la partie inférieure du corps.
Concentration.
Recherche de l'équilibre.

Déroulement

Les participants se tiennent en cercle, le corps droit, les jambes serrées, les talons joints. Lentement, et tout en gardant la rectitude verticale du corps, ils se lèvent sur la pointe des pieds puis redescendent les talons vers le sol en imaginant que des citrons sont placés dessous et qu'ils doivent les presser. Le talon ne doit donc pas toucher le sol puisque le citron imaginaire «résiste».

On accélérera petit à petit ce mouvement jusqu'à ce que les participants aient une nette sensation de chaleur montant des chevilles aux mollets et des mollets au bassin en passant par les muscles des cuisses.

On peut faire des pauses de temps en temps avec des respirations amples et profondes avant de reprendre l'exercice en sachant que celui-ci ne doit pas être trop long, le but étant l'échauffement et pas la fatigue musculaire.

▶ *Cet exercice peut se pratiquer les yeux fermés ou ouverts à la convenance de chacun. Mais il faut savoir que la recherche de l'équilibre est plus difficile quand les paupières sont closes.*

Yoga

On ne devrait pas dire «le» yoga mais «les» yogas, tant il est vrai que cette science, cette philosophie ancestrale possède un grand nombre d'aspects et d'orientations extrêmement diversifiés.

Les exercices proposés ici (qu'il est plus judicieux d'appeler postures ou «asanas») sont liés au hatha yoga qui est un yoga du souffle et de la concentration posturale. Ils donnent la possibilité aux participants d'être dans une attitude d'effort et de détente et de se mettre dans une écoute inhabituelle et bénéfique de leur corps.
La prise de conscience du souffle, du rapport entre la respiration interne et la respiration de l'environnement permet une expérimentation du chemin parcouru par les échanges énergétiques.

Les postures présentées ici sont expérimentées dans le rythme particulier de chacun, en «tenant» celles-ci pendant plusieurs respirations, sans forcer.

Exercice 3: Le recentrage, p. 27.
Exercice 4: Le chat, p. 28.
Exercice 5: Salabasana, p. 30.
Exercice 6: L'arc, p. 31.

3 Le recentrage

GROUPE

RESPIRATION

Objectifs

Vécu de la notion de «lâcher-prise».
Prise de conscience du schéma corporel.
Détente/Harmonisation.

Déroulement

Les participants sont réunis dans l'aire de travail, debout, les pieds bien plantés au sol, les orteils «actifs», les épaules basses, les omoplates descendant vers le bassin. La nuque étirée comme si on portait un pot sur la tête. Les mâchoires sont desserrées. Les yeux sont ouverts et détendus, les paupières s'ouvrant et se fermant normalement. On pose les mains sur le bas du ventre qui doit être détendu et on porte toute son attention sur le souffle, sur la sensation du souffle: dans les narines puis dans la gorge, dans la poitrine, dans l'abdomen et pour finir dans le bas du ventre.

On ressent alors le souffle et sa circulation dans sa globalité et sa verticalité (sensation que l'on est une colonne d'air).

On prend conscience de sa situation, recentrée, et de la justesse de sa place, là.

Après cette première partie, on amplifie son souffle en prononçant le son «AM» murmuré sur l'expiration.

- *Cet exercice est à mettre en parallèle avec l'exercice 23, «Le flux et le reflux», mais le but recherché n'est pas le même. Ici nous sommes plutôt en début de séance. Alors qu'avec «Le flux et le reflux» nous sommes en milieu ou en fin de séance.*
- *Il est préférable de ne pas utiliser de musique sur cet exercice, l'attention devant être mobilisée essentiellement sur soi.*
- *La durée de cette posture est d'environ 12 minutes.*

4 Le chat

GROUPE

RESPIRATION

Objectifs

Se laisser guider par la sensation.
Prise de conscience de la colonne vertébrale.

Déroulement

Premier temps

Les participants se placent dans cette position :

Prendre un léger temps pour apprécier et comprendre cette position. La respiration est ample et profonde.
Puis sur l'expiration, on se met ainsi :

Garder cette position et sur l'inspiration accentuer le dos rond. Prendre le temps de sentir l'espace qui s'agrandit entre les vertèbres.

Sur l'expiration maintenir la position en refermant bien les côtes, en contractant les abdominaux du bas du ventre à l'estomac.

Dans le passage au dos rond, il est nécessaire de bien sentir la bascule du bassin.

Cette première partie dure 10 minutes environ en fonction des capacités ou de la fatigue éventuelle des participants.

Deuxième temps
Sur l'inspiration prendre la position suivante:

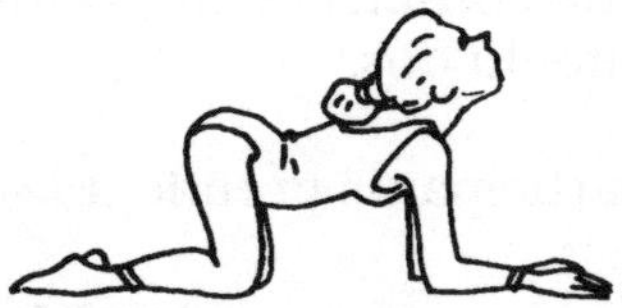

Pousser le sol. Ouvrir la poitrine sans casser la nuque tout en sentant parfaitement le nouveau placement du bassin.
Sur l'expiration tout en gardant la position bien fermer les côtes.
Inspirer en maintenant toujours la position et en sentant l'onde de mouvement qui se propage dans la colonne vertébrale.
Cette deuxième partie, tout comme la première dure 10 minutes environ.

Troisième temps
Revenir à la position suivante:

Effectuer les mêmes respirations avec les mêmes indications que celles décrites dans le premier temps.

5 Salabasana

GROUPE

RESPIRATION

Objectifs

Se laisser guider par la sensation.
Maîtrise corporelle.
Prise de conscience du souffle.
Détente du dos.

Déroulement

Les participants prennent la position suivante :

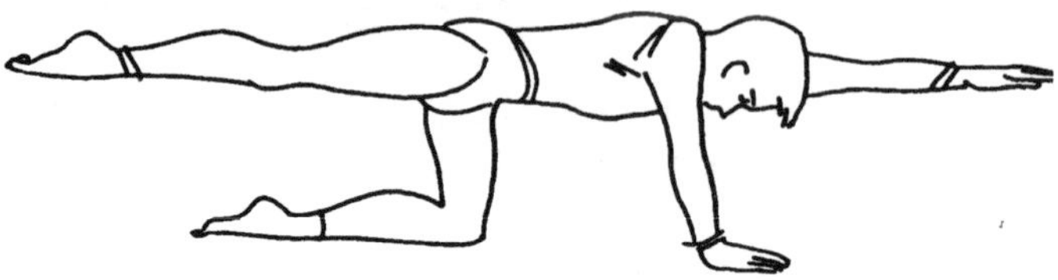

Dans cette position on est centré sur son souffle et ses sensations qui sont des guides dans le travail.

L'idée est que l'on va au-delà de sa main et au-delà de son pied.

Les bras et les jambes sont travaillés en opposition (bras droit tendu, jambe gauche tendue et inversement).

- *Cet exercice dure (avec les changements de bras et de jambes) environ 10 minutes, mais ce temps peut être allongé d'une fois sur l'autre, suivant les possibilités des participants.*
- *Le souffle doit s'amplifier petit à petit pour bien sentir le jeu des côtes emboîtées avec la colonne vertébrale et le mouvement de la colonne vertébrale engendré par le souffle.*

6 L'arc

Objectifs Maîtrise corporelle.
Écoute de ses sensations.
Assouplissement de la colonne vertébrale.

GROUPE

RESPIRATION

Déroulement Les participants répartis dans tout l'espace prennent la posture suivante:

Cette posture est effectuée d'abord avec la jambe gauche repliée puis avec la droite.

Dans cette tenue de la posture on prend parfaitement conscience du mouvement ample et profond du souffle au cours des inspirations et expirations successives.

▶ *Là encore, une durée de 10 minutes est souhaitable.*

Commentaires

Le yoga permet dans sa pratique de saisir les effets contradictoires et pourtant complémentaires du mouvement et de l'immobilité.
L'immobilité apporte recentrage et énergie, le mouvement dépense et effort, dans le sens positif de ces deux termes bien entendu.

Dynamisation

Certains exercices ont pour but de rassembler l'énergie collective d'un groupe, d'autres de détendre chaque participant.
Ils nécessitent attention, concentration, rapidité, mobilisation et échange d'énergie entre deux personnes.
Ces exercices peuvent se pratiquer à différents moments de la séance :
– en début, pour bien marquer la différence d'engagement entre «ce que l'on a fait avant et ce que l'on va faire pendant le théâtre», mais aussi pour expulser les tensions que chacun d'entre nous accumule dans sa vie quotidienne, qui provoquent des interférences et sont un obstacle à la concentration;
– après certains exercices ayant nécessité une concentration particulière pour, là aussi, expulser la tension qui a pu s'installer.
Ces exercices de dynamisation interviennent alors comme une «récréation».
Leur caractère ludique est indispensable mais, pour certains d'entre eux, intervient la notion de bien-être et de détente à donner à l'autre.
Dynamiser un groupe c'est aussi dynamiser un espace (notre espace de travail) et se l'approprier en le remplissant de rires, de jeux, de concentration, de rapidité et de ralentissement...
Ces exercices permettent aux relations, au sein du groupe, de s'harmoniser, de s'assouplir afin d'aller, sans fausse pudeur, vers la liberté dont a besoin quiconque cherche à faire s'épanouir sa créativité.
Ils trouvent leur place aussi bien dans un atelier de travail général que lors d'une répétition de spectacle.

Exercice 7 : Marchons sous la pluie, p. 33.
Exercice 8 : Sauts de puce, p. 35.
Exercice 9 : Le pas de l'ours, p. 36.
Exercice 10 : L'accordéon, p. 37.

7 Marchons sous la pluie

Objectifs

Travail corporel en rapport avec l'imagination.
Adapter sa démarche à des éléments extérieurs.
Le corps comme récepteur de sensations.

Déroulement

Les participants sont disséminés sur l'aire de jeu, en mouvement de marche «neutre», très concentrés. Le meneur va «promener» les participants qui doivent mimer les différentes marches énoncées. Exemple de promenade :

– vous marchez dans la rue, sur un trottoir, il ne fait ni trop chaud, ni trop froid: c'est agréable;

– il y a de plus en plus de monde et vous vous retrouvez à marcher au milieu d'une foule;

– puis il se met à pleuvoir, de grosses flaques se forment sur le trottoir;

– toute cette eau devient celle de la mer, vous marchez dans l'eau, vous en avez jusqu'aux chevilles, jusqu'aux genoux, puis jusqu'à mi-cuisses;

– vous sortez de la mer et vous errez sur une plage de sable fin;

– le sable se transforme en galets, il fait très chaud;

– les galets deviennent des œufs qui se transforment en boue épaisse, qui se transforme à son tour en goudron chaud;

– puis le goudron devient compact et vous êtes de nouveau sur un trottoir, mais il fait de plus en plus froid, il se met à neiger;

– vous marchez maintenant dans la neige;

– la neige fond, puis à nouveau vous vous retrouvez sur un sol mouillé;

– le soleil revient, vous êtes comme au départ de cette promenade, sur un trottoir, tranquille, il ne fait ni trop chaud ni trop froid.

Bien entendu le meneur peut «promener» les participants au gré de sa fantaisie et les marches proposées ci-dessus ne sont que des exemples.

Le tout doit être fait très lentement. La voix du meneur sera posée, sans caractère trop dramatique. Laisser aux participants le temps du «ressenti», le temps de trouver la marche adaptée, celle-ci pouvant être accompagnée de sons émis par les «marcheurs».

- *Bien expliquer aux participants que c'est leur corps qui est sollicité et qu'ils doivent «sentir» le terrain imaginaire sous leurs pieds: ils doivent avoir le corps en éveil.*
- *Le travail sera ici autant mental que physique : les participants doivent visualiser chaque sensation jusqu'à (par l'intellectualisation) la ressentir. Ex.: «Quand il fait froid que se passe-t-il au niveau de mes épaules?» Il s'agit d'avoir froid, de ressentir cette sensation de froid et, de là, découlera une démarche appropriée.*
  Cela peut s'apparenter à la technique utilisée par l'Actor's Studio et mise en place par Lee Strasberg : la mémoire affective. «Je me remémorre dans quel état mental j'étais quand j'avais froid, quel étaient mes ressentis mentaux et physiques.»

8 Sauts de puce

Objectifs

Dynamiser le corps dans son entier.
Concentration.
Coordination entre le rythme individuel et le rythme collectif.

GROUPE

CORPS

Déroulement

Premier temps

Les participants sont en cercle. Chacun doit imaginer au sol un carré qu'il va parcourir par sauts souples à pieds joints. Au signal du meneur, effectuer sur place 4 sauts (le meneur compte 1, 2, 3, 4) puis 4 autres tout en tournant sur la droite d'un quart de tour (le meneur compte); à nouveau 4 sauts sont effectués (on a donc fait un demi-tour) toujours au rythme donné par le meneur. Deux autres quarts de tour, avec à chaque fois 4 sauts, permettent de revenir au point de départ.

Deuxième temps

Après une pause de quelques secondes, les participants doivent effectuer 2 sauts sur place, puis, tout en faisant demi-tour, 4 autres avant de revenir au point de départ où l'on fait à nouveau 2 sauts.
Notez que le rythme est toujours de 4 temps :
1/2 : au point de départ.
3/4/1/2 : pendant les 2 demi-tours successifs.
3/4 : au point de départ.

Troisième temps

En troisième série on peut travailler le tour complet (après le quart de tour et le demi-tour). Il suffit pour cela de prendre son élan au point de départ et d'effectuer un tour complet sur les temps 2, 3, et 4.

- *Cet exercice doit être parfaitement possédé par le meneur qui aura à le montrer au groupe sans faire d'erreur.*
- *Il doit également être très dynamique afin d'entraîner le corps, au-delà du rythme, dans une détente et une certaine euphorie, une fois bien intégré par les participants.*

9 Le pas de l'ours

Objectifs

Contact.
Dynamisation corporelle.
Remise en place des énergies.

Déroulement

Les participants sont deux par deux. L'un est allongé au sol sur le ventre, l'autre, à côté de lui en position «de fente», va détendre et dynamiser le corps entier de son partenaire depuis les pieds jusqu'aux omoplates.

Il doit simplement utiliser le poids de son corps pour effectuer une pression des mains sur ces différentes parties :
- les mollets,
- le bas des cuisses (surtout pas le genou),
- le haut des cuisses (pli inférieur des fesses),
- le bas du dos,
- le milieu du dos,
- la région des omoplates.

Les pressions doivent suivre le rythme respiratoire : poser les mains sur l'inspiration du partenaire et faire une pression sur l'expiration. Celui qui est actif doit, si possible, prendre le même rythme respiratoire afin d'établir un contact sensible.

Lorsqu'on arrive au dos, poser les mains de chaque côté de la colonne vertébrale, celle-ci ne devant jamais être touchée ni manipulée (tout comme on évitera soigneusement l'arrière du genou appelé «creux poplité»).

- *Le meneur devra veiller à ce que cet exercice soit pratiqué avec le plus de rigueur possible. Il ne s'agit pas «d'écraser» l'autre, mais bien de le détendre.*
- *À la fin de la manipulation (que l'on peut faire deux fois), on laissera le «passif» reposer au sol pendant quelques minutes avant d'inverser les rôles.*

10 L'accordéon

Objectifs

Développement de l'expression spontanée.
Écoute collective.
Acceptation de la proposition de l'autre.
Approche du jeu en commun.

GROUPE

CONTACT

Déroulement

Le groupe est en cercle, en disponibilité. L'un des membres, à son initiative si possible, vient au centre du cercle et exécute un mouvement rapide et répétitif accompagné d'un son ou d'une phrase très courte puis regagne sa place. Tous les membres, y compris celui qui vient d'agir, viennent alors au centre du cercle et reproduisent ce qui vient d'être fait et dit avec les mêmes intentions et la même spontanéité.

Puis le cercle se reforme et un autre participant vient faire sa proposition gestuelle et verbale. Le groupe entier reproduit à nouveau celle-ci tel un accordéon s'ouvrant et se fermant.

► *Cet exercice doit rester très ludique et pour cela être excessivement dynamique. Les propositions ne doivent pas devenir trop complexes, ni dans l'expression gestuelle, ni dans ce qui est dit. On ne cherche pas ici à intégrer mais à dynamiser l'expression collective. Une histoire même farfelue peut parfois se développer avec ce type de travail.*

Énergie

L'énergie est une notion abstraite.
Il est difficile de la décrire, de l'expliquer
car on parle de quelque chose
qui existe indéniablement
mais qu'on ne peut quantifier tant ses formes
sont multiples et variées.
Et pourtant, le travail théâtral est un travail centré
sur l'énergie : énergie individuelle
et énergie collective.
Nous avons retenu, pour expliciter ce travail sans tomber
dans des explications trop scientifiques
et ardues, la notion de polarité de Randolf Stone
(cf. le commentaire de l'exercice 13 :
«Le cercle polarisant»).
Du fait que cette notion fait appel à la complémentarité,
elle est d'une utilité simple et évidente dans un cadre
théâtral où tout se joue souvent sur les notions de
contraires, d'alliances, de rejets et d'attirances.
Le travail sur l'énergie proposé dans les 4 exercices
suivants peut intervenir en début de séance
pour «recadrer» le groupe,
ou en milieu de séance pour le «recentrer» sur le travail
à faire lorsqu'il manifeste fatigue ou énervement.

Exercice 11 : Palper l'espace, p. 39.
Exercice 12 : Peau à peau, p. 42.
Exercice 13 : Le cercle polarisant, p. 44.
Exercice 14 : Boule d'énergie, p. 47.

11 Palper l'espace

Chacun est doté, dès sa naissance, d'une énergie, d'un magnétisme qui, à tout moment, influe, consciemment ou inconsciemment, par irradiation sur l'environnement, et dont le champ d'action est plus ou moins grand.
Les deux exercices qui vont suivre tendent seulement à prouver que chacun a son propre rayonnement.
Nous ne travaillerons pas sur le développement de cette énergie et du magnétisme, car là n'est pas notre propos, mais si cela vous semble utile, vous pouvez consulter l'ouvrage de P.C. Pageot cité dans la bibliographie p. 109.

Objectifs

Prise de conscience de sa propre énergie, de son propre magnétisme.
Prise de conscience du magnétisme et de l'énergie de l'autre.

Déroulement

Premier temps

GROUPE

Chaque participant est assis à l'endroit de l'aire de jeu où il se sent le mieux et veille à dégrafer tout vêtement pouvant le gêner. Chacun va pratiquer quelques respirations abdominales en inspirant doucement (mais profondément) par le nez et en soufflant de la même façon par la bouche : en inspirant l'abdomen se gonfle, en expulsant, il s'affaisse.
Cet exercice permet d'avoir une agréable sensation de détente (cf. «La relaxation», p. 95).

Deuxième temps

GROUPE

Les yeux fermés, levez les mains perpendiculairement au corps, devant vous, l'une face à l'autre, espacées d'environ 15 cm. Vous êtes détendu et commencez à entrevoir un fluide qui passe à travers vos mains. Vous ressentez ce fluide qui vous traverse comme si la main gauche l'absorbait et la droite le dispersait ; vous ressentez un picotement aux mains qui deviennent chaudes. Vous sentez l'énergie qui les traverse et un léger engourdissement. Vous sentez les vibrations qui s'en échappent. Les mains deviennent chaudes, très chaudes, se rapprochent imperceptiblement l'une de l'autre, comme deux aimants qui s'attirent pour se compléter. Les mains se rapprochent et vous prenez conscience de votre énergie. Puis lentement, très lentement, vous laissez retomber vos mains.

Troisième temps

Tout le groupe est assis, mais par couple et face à face. Ce troisième exercice consiste maintenant à prendre conscience de l'énergie et du magnétisme de l'autre.

Les deux membres de chaque couple vont, en contact et au même rythme, tout d'abord chercher à avoir une respiration abdominale. Lorsqu'elle est trouvée, l'un des deux ferme les yeux et procède au travail décrit ci-dessus. Puis quand il sent le moment venu, l'autre passe une main entre les deux mains de son partenaire de haut en bas (comme s'il voulait couper l'air avec le tranchant de sa main). Il sent alors l'attraction des deux mains de son partenaire et le fluide qui les traverse. Puis ils intervertissent les rôles.

Pour cet exercice, les participants doivent être très détendus, très concentrés et dans l'acceptation de ce travail.

- *Le meneur peut guider cet exercice en disant le texte du deuxième temps d'une voix calme, détendue et non précipitée, pour accompagner chacun dans la recherche de sa propre énergie.*
- *Une musique calme et relaxante accompagnera cet exercice (cf. Musicographie, p. 110).*

Commentaires

Pourquoi un comédien doit-il rechercher sa propre énergie et son propre magnétisme ? Au théâtre, en représentation mais, aussi en séance de travail, l'échange d'énergie est présent à deux moments :
– entre les comédiens sur le plateau. On «sent» l'autre, dit-on souvent (ou on ne le «sent» pas). Il doit se passer «quelque chose» entre les partenaires, il doit se dégager une force, et cette force sera le résultat de leurs énergies conjuguées ;
– entre les comédiens et le public. Les vibrations et le fluide décrits ci-dessus doivent passer entre les acteurs et les spectateurs, ainsi il y a échange, communication et partage d'un moment privilégié : celui du don du comédien. Celui-ci doit recevoir l'énergie du public et être à l'écoute de celle-ci.
Chacun doit être conscient qu'il a sa propre énergie, son propre magnétisme (ce qui est rassurant) et qu'on peut les développer avec de l'entraînement.

12 *Peau à peau*

Commentaires

Nous abordons ici le massage. Cette pratique de détente donne aux participants un moyen d'être mieux ensemble, dans le contact peau à peau.
Il sera de la responsabilité du meneur, de par le climat créé notamment, de lever toutes les inhibitions ou réticences manifestées à l'annonce de ce travail. Chaque massage peut durer jusqu'à une vingtaine de minutes.
Une musique douce est nécessaire. La lumière doit être tamisée et la pièce suffisamment chauffée.
Il est important que le meneur circule de couple en couple pour rassurer les participants sur leurs gestes ou modifier un mouvement qu'il jugerait approximatif ou brutal.
Pour faire un bon massage, en dehors de la maîtrise d'une technique, deux éléments sont indispensables : l'envie de masser et une bonne huile (huile de massage à l'arnica par exemple).
N'oubliez pas que le massage permet un dialogue au-delà des mots qui, empreint de sensualité, permet d'expérimenter concrètement les notions de donner et recevoir.

Objectifs

Contact deux à deux.
Toucher.
Approche du massage.

Matériel

Huile de massage.
Serviettes éponge.

Déroulement

Les couples sont installés confortablement sur le sol, soit sur une couverture, soit sur une serviette éponge suffisamment grande et épaisse. Après attribution des rôles, celui qui va être massé s'allonge sur le ventre, le dos nu. Le masseur s'installe à sa tête et, après avoir huilé le dos de son partenaire, pose ses mains sur les omoplates afin de dire un bonjour symbolique. Il effectue ensuite un massage en trois temps

Premier temps : les grands courants

Le masseur laisse glisser ses mains des épaules jusqu'au bas du dos en massant en larges cercles la masse musculaire. Il détend et assouplit.

Deuxième temps : le lit vertébral

Après s'être déplacé sur le côté et sans perdre le contact avec le dos de son partenaire, le masseur doit repérer la colonne vertébrale et effectuer avec les pouces un mouvement de «chassé-poussé» le long de la colonne, sans la toucher, dans la zone que nous appelons le «lit vertébral».
On pose un pouce fermement en bas à gauche de la colonne, l'autre pouce, posé à droite, glisse vers le haut en appuyant sur la zone musculaire, il s'arrête après 10 cm, attendant que le premier pouce vienne le rejoindre, puis il reprend son chemin et ainsi de suite tous les 10 cm jusqu'aux cervicales.
Ce mouvement est ensuite effectué de l'autre côté. Le masseur dynamise et tonifie.

Troisième temps : les omoplates

On fait ressortir l'omoplate de son partenaire. Tout en en repérant le contour, on effectue avec les pouces le même mouvement de «chassé-poussé» que précédemment, mais avec des arrêts de 2 cm en 2 cm.
Le masseur doit être très à l'écoute de l'autre car cette zone est souvent un lieu de tensions importantes.

Commentaires

Il se peut que le meneur entende, au début de ce travail, quelques rires gênés du fait de l'intimité. Cela ne doit pas l'arrêter, la détente et le bien-être ressentis permettent très vite d'aller au-delà d'une pudeur parfois excessive mais compréhensible.
Quand un massage est terminé, le meneur doit faire durer la concentration afin de laisser au massé un temps de pause bénéfique (on le recouvre alors d'une grande serviette) et d'empêcher que ceux qui massent encore soient perturbés.

13 Le cercle polarisant

Commentaires

La thérapie de la polarité a été mise au point par le Dr Randolph Stone (1890-1981). C'est une synthèse de trois médecines traditionnelles : chinoise, égyptienne et ayurvédique (indienne). C'est à la fois un art et une science tendant à harmoniser l'énergie vitale dans le corps.
Notre propos n'est pas thérapeutique, mais d'utiliser une technique simple sans contre-indications afin de renforcer les rapports au sein d'un groupe de travail. C'est de l'«abandon» et de la confiance qui en découlent que naîtra la sensation de bien-être et de détente, base de toute activité créatrice.

CONTACT

Objectifs

Énergétisation.
Contact collectif.
Prise de confiance individuelle dans le groupe.
Relâchement/Détente.

Déroulement

Une personne du groupe s'allonge sur une table et s'installe confortablement les bras le long du corps, les yeux fermés. Six personnes se positionnent autour d'elle, les yeux fermés également. Elles effectuent ensemble 3 profondes respirations (on peut éventuellement, pour «accentuer» le contact, émettre le son «A» sur l'expulsion de l'air). Puis elles placent leurs mains comme indiqué par les illustrations, en veillant à être détendues et sereines afin que le contact avec le receveur soit simple et agréable.
On laisse faire la circulation d'énergie, sans que le mental intervienne, pendant environ une quinzaine de minutes avant de laisser la place à un autre receveur.

- *Une musique douce est souhaitable (cf. Musicographie, p. 110).*
- *Il est préférable de ne pas effectuer cet exercice le soir : les receveurs risquent de passer une nuit blanche tant l'apport énergétique du groupe peut être puissant !*

Vue générale de l'exercice

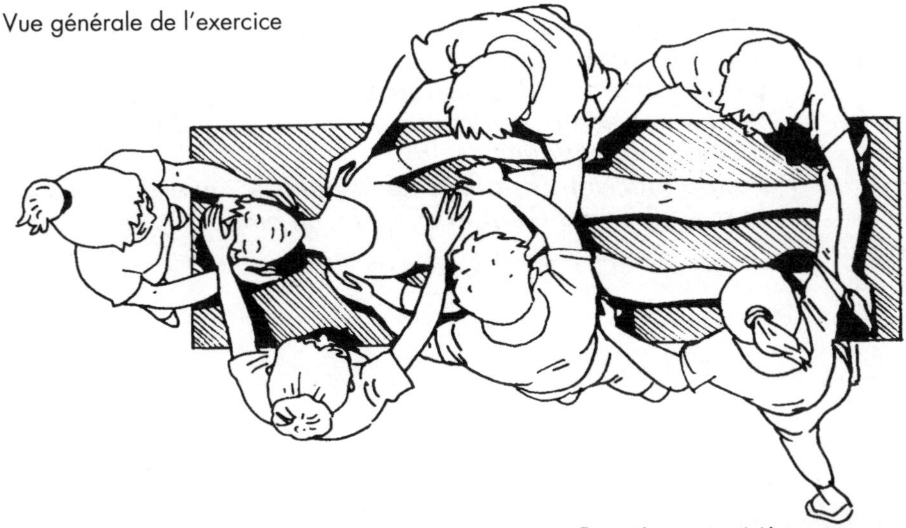

Première personne

Deuxième et troisième personnes

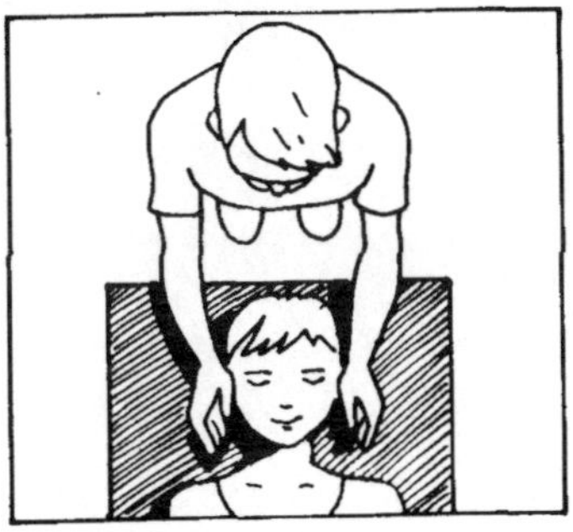

Quatrième personne

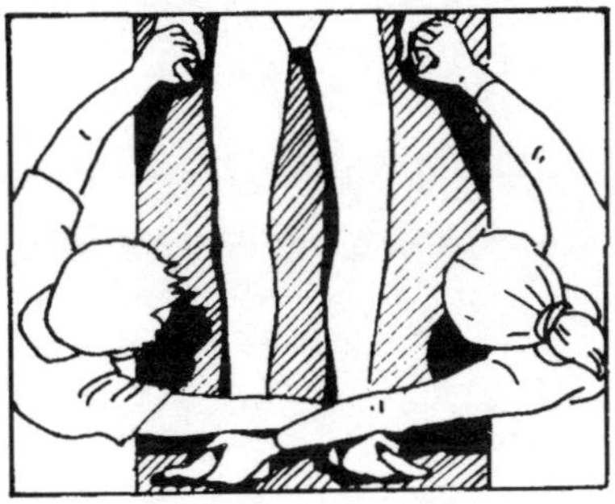

Cinquième et sixième personnes

- *Il ne s'agit pas ici de séance de magnétisme. Le meneur doit présenter cet exercice de manière simple et agréable. C'est un moment de douceur et de contact, inutile donc de l'entacher avec un discours nébuleux ou soi-disant médico-énergétique !*
- *Pour d'autres utilisations de la polarité reportez-vous au livre de Richard Gordon cité dans la bibliographie, p. 109.*

14 Boule d'énergie

GROUPE
CONTACT

Objectifs Donner ou redonner de l'énergie à un groupe (prise de conscience d'une énergie commune, d'une énergie à trouver collectivement).
Travail de concentration et de visualisation.

Déroulement Les participants sont en cercle et se donnent la main de la façon décrite dans «Déroulement d'une séance type», page 14. Dans un premier temps le meneur apporte détente et sérénité aux participants en leur demandant de fermer les yeux et de pratiquer 3 grandes respirations abdominales : l'air est inspiré par le nez et descend dans l'abdomen en le gonflant. Les épaules ne doivent en aucun cas se lever. Puis, très lentement, l'air est expulsé par la bouche, en émettant si nécessaire un léger bruit d'expiration. Ces 3 respirations seront faites au même rythme par tout le groupe.
Puis le meneur propose de visualiser une boule jaune dans la main droite (main qui donne, polarité +), boule qui sera appelée «boule d'énergie» et qui doit procurer de la chaleur. Les participants doivent ensuite transmettre cette énergie et cette chaleur dans la main gauche du partenaire situé à leur droite (la main gauche étant celle qui reçoit, polarité –).
Ainsi chacun va recevoir l'énergie de celui qui est situé à sa gauche, s'en imprégner, reconstituer sa propre énergie afin de la transmettre au partenaire situé à sa droite; et cette «boule d'énergie», de main en main, à travers tout le groupe, va contribuer à la recherche d'une énergie commune.

Commentaires

Ce travail se situera :

– soit en début de séance, au moment de la ronde de concentration pour rechercher une énergie commune. (Sentir l'énergie que l'on a donnée à l'autre, celle que l'on a reçue de l'autre, par les mains, est un contact dont chacun a besoin avant une séance de travail où l'on aura à donner le meilleur de soi-même);

– soit en cours de séance pour réénergétiser le groupe ou une partie du groupe lorsque certains participants ont besoin de l'énergie des autres ou d'une mise en confiance;

– soit avant une représentation : pour que les comédiens puissent être au maximum de l'énergie commune, nous préconisons, quand tous sont en costume de scène et maquillés, de faire ce travail sur le plateau, dans le décor du spectacle. Ainsi ceux qui ont le trac pourront trouver, dans ce don et cette réception d'énergie, un bien-être, une confiance et une sérénité dont tout spectacle a besoin.

L'ESPACE

Nul ne peut nier l'influence de l'espace et de l'environnement sur notre vie en général, sur notre humeur, nos réactions, il en va de même pour le comédien ; l'espace influence ou a tendance à influencer son jeu, ainsi que la vision qu'en a le spectateur.
Les jeux ou exercices qui suivent seront pratiqués sur tous les nouveaux espaces où le groupe est appelé à travailler, au cours des premières séances, pour qu'il puisse se l'approprier. Mais aussi dans tous nouveaux décors (s'il s'agit d'un spectacle) car le comédien doit prendre possession du lieu qui sera le sien durant le temps de représentation.
Au théâtre il faut avoir l'aptitude à transformer le lieu, à inventer des espaces imaginaires car il s'agit de vivre des situations extraordinaires dans des lieux ou espaces hors du quotidien : un plateau de 20 mètres carrés peut représenter «l'Univers» à tel moment ou bien «une orange» à tel autre. Le plateau, cet espace investi du fait théâtral, est magique. Il s'étend et se rétracte par le seul fait de la présence physique des personnes qui vivent et le font vivre.
Mais il faut aussi s'adapter au lieu : le comédien doit se sentir en symbiose avec l'espace, réussir à travailler de la même façon, à interpréter le même personnage sur un plateau de 15 mètres carrés ou de 200 mètres carrés.

15 Visions réelles

GROUPE

Objectifs

S'approprier l'espace : faire connaître parfaitement un lieu de travail ou un décor si c'est une répétition.
Développer l'acuité des réflexes visuels.
Mémoriser une vision brève.

Déroulement

Premier temps
Les participants sont répartis sur l'aire de jeu. Le meneur leur demande de marcher à un rythme normal. Au signal, tous s'arrêtent et vont, à voix basse, énoncer clairement ce qui est juste devant leurs yeux (cela peut être une personne, un meuble...) puis ils se remettent en mouvement. Le meneur les fait ainsi s'arrêter 5 ou 6 fois en verbalisant ce que le regard a enregistré.

Deuxième temps
Les participants doivent, selon le même principe, marcher, s'arrêter au signal, regarder derrière eux, enregistrer ce qu'ils voient, ramener la tête dans la direction de la marche et, seulement à ce moment-là, énoncer à voix basse mais audible, ce qu'ils ont vu derrière eux.

▶ *À mettre en place dès la première séance de travail.*

Commentaires

Un comédien doit être capable en un temps très bref d'enregistrer visuellement un plateau ou une aire de jeu, pour éventuellement prévenir tout incident risquant de le troubler. Exemple : J'entre en scène rapidement. Dans mon champ de vision, au milieu du plateau, se trouve un accessoire (assez volumineux) qui ne devrait pas s'y trouver. J'ai besoin (dans la mise en scène initiale) de tout l'espace pour évoluer. Cet accessoire me gêne. Ma mémoire a enregistré sa présence et je vais donc «travailler» pour jouer cette scène, malgré sa présence, sans que le spectacle en soit perturbé.

16 Bonjour, ça va ?

Objectifs

Mémorisation physique des espaces.
Développer assurance et confiance en soi et en l'autre.
S'approprier un espace.

GROUPE

CONTACT

Déroulement

Les participants sont disposés en cercle, debout. Deux d'entre eux (situés face à face dans le cercle) viennent, les yeux fermés, se retrouver au milieu, se serrent la main et se disent «Bonjour, ça va?» Auparavant, un temps de préparation est nécessaire :
– les deux participants prennent contact par le regard (rester les yeux dans les yeux quelques secondes);
– ils évaluent la distance entre eux et l'endroit de la rencontre;
– ferment les yeux;
– préparent leur main tendue;
– signalent lorsqu'ils sont prêts.
Ce travail ne doit pas se faire dans la rapidité mais bien dans le contact mental : sentir son partenaire s'approcher de soi. Tout doit se passer comme si les personnes étaient attirées l'une vers l'autre.

▶ *Bien entendu le meneur veillera à ce que les participants ne puissent en aucun cas se faire mal.*

Commentaires

L'un des exercices du volume précédent, *60 exercices d'entraînement au théâtre*, appelé «La chaussure», a les mêmes objectifs que celui-ci : être capable, les yeux fermés, d'aller d'un point à un autre aussi sûrement que les yeux ouverts.
Tout comédien doit se sentir «comme chez lui» sur le plateau, dans le décor. Voici deux exemples de mise en scène illustrant ce propos :

– *La Voix humaine*, de J. Cocteau, mise en scène par A. Héril, créée en 1991 par la compagnie Jahdt Théâtre. La comédienne devait reculer depuis l'avant-scène cour jusqu'au fond de scène jardin et s'asseoir sur un tabouret tout en disant son texte? Tout se passait comme si elle était mue par l'attraction qu'exerçait sur elle le tabouret. Une connaissance mentale de l'espace scénique était donc indispensable. Pour cela elle pratiqua à maintes reprises des exercices tel celui décrit page 51 jusqu'à ce que son corps ait intégré le mouvement.

– *La Célestine* de F. de Rojas mise en scène par Tato Jurado, créée en 1978 par le Théâtre du Hangar. Les changements de décors et de costumes se faisaient à vue (c'est-à-dire sur le plateau sans que le rideau de scène soit baissé) et dans le noir. Les 12 comédiens devaient donc savoir exactement où était chaque objet pour les déplacer très précisément. C'était un travail de contact et de connaissance de l'espace : un comédien devait remettre dans l'obscurité un accessoire à un autre qui allait le placer à un endroit très précis du plateau. De plus tout était chronométré et donc un travail au niveau du rythme ainsi que le contact avec le régisseur des lumières était indispensable.

17 Séparons-nous

Objectifs

Concentration.
Accepter une proposition (muette) des autres.
Mise en évidence de la place d'un individu dans le groupe.
Réflexes collectifs quant à l'occupation de l'espace.

Déroulement

Les participants évoluent sur l'aire de jeu, en marche de concentration et doivent se séparer en deux groupes dès la proposition du meneur.

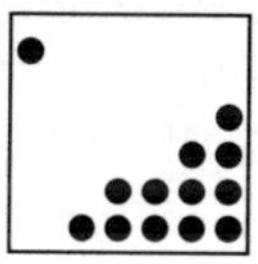

Si le meneur dit «un», l'un des participants doit immédiatement aller occuper seul un coin de l'espace tandis que le reste du groupe occupe un autre coin (en veillant à former un groupe compact).

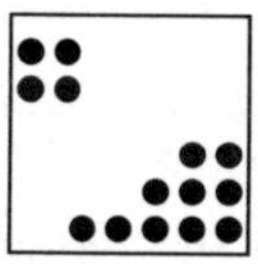

Si le meneur dit «quatre», de la même façon 4 personnes doivent se regrouper dans un coin tandis que le reste du groupe occupe le coin opposé.

Le meneur peut aussi proposer «deux groupes». Les participants doivent alors immédiatement former 2 groupes égaux.

▶ *Là encore la connaissance de l'espace et le contact sont intimement liés. Dès la consigne donnée, chacun doit «sentir» où vont les autres. Après plusieurs essais sur plusieurs séances, de l'extérieur, on ne doit percevoir aucune hésitation, la mise en place doit être réglée comme un ballet improvisé.*

Commentaires

Cet exercice permet de voir la place de chacun dans le groupe. En effet, si une personne se trouve souvent seule ou dans le plus petit groupe, on peut considérer qu'elle ne craint pas «d'affronter» le groupe et qu'éventuellement elle y trouve une place de meneur. Au contraire si une autre fait tout pour éviter de se retrouver seule, on peut considérer que certaines inhibitions seront à travailler et qu'il n'est peut-être pas encore temps pour elle d'avoir à affronter le regard des autres dans une improvisation individuelle, par exemple.

18 Le filet du pêcheur

GROUPE

CONTACT

Objectifs Voir comment un participant perçoit le groupe. Maîtriser la notion d'espace.

Déroulement Tous les participants sont sur l'aire de jeu, au même endroit, assis ou à genoux, constituant un groupe très soudé. L'un d'entre eux se place face aux autres, à environ 3 mètres et lance un filet de pêcheur imaginaire en«prenant» tout le groupe dans un grand arc de cercle depuis un côté jusqu'à l'autre. Le «pêcheur» doit être en contact visuel avec le groupe, avant de lancer le filet : il doit s'en imprégner en le détaillant et prendre tout le temps nécessaire pour une bonne visualisation mentale du «volume» du groupe (aspect physique) et de ce qu'il dégage (aspect psychologique).

Commentaires

Ce travail est très révélateur pour l'animateur : le geste peut être étriqué ou ample, n'englober qu'une partie du groupe ou au contraire «prendre» tout le groupe.
Dans le cas d'un geste étriqué, une partie seulement est prise dans le filet : le «pêcheur» a peur du groupe, il a de la difficulté à s'imposer, à «prendre le groupe pour lui», à se l'approprier. Dans le second cas, tout le groupe est «pris au filet» : le «pêcheur» semble à l'aise face au groupe, il y a sa place, il a une vision large des «choses» et ressent le groupe comme un tout.
Cet exercice a deux intérêts :
– si un membre du groupe est toujours en retrait, cet exercice montre que le problème est réellement un problème de contact et de place dans le groupe. S'il n'arrive pas à le prendre dans son filet, c'est en le lui faisant refaire plusieurs fois, en lui faisant détailler chaque membre du groupe, puis voir le groupe dans son ensemble, que s'imposera la notion d'appropriation et que son malaise pourra se dissiper. Bien entendu cela n'exclut pas une discussion avec l'animateur, car le malaise peut être plus profond ;
– si un groupe a des difficultés à s'homogénéiser quand un (ou plusieurs) membre(s) éprouve(nt) des difficultés à y faire sa (leur)place, cet exercice peut alors être une des façons de régler le problème.
Ce travail permet aussi de tester la capacité à«donner» d'un comédien : «Mon geste est ample, je suis capable de donner, d'aller vers le groupe.» N'est-ce pas justement ce qui est demandé au comédien? Donner son énergie, se donner soi-même à tout le public, à toute la salle et non pas seulement au premier rang.

19 Les espaces libres

Objectifs

Observation d'un espace donné.
Contact deux à deux.
Dynamisation de l'espace.

Déroulement

Les participants sont deux par deux, en contact étroit, mais sans se tenir, en observant la position des autres, immobiles, mais prêts à bondir. Au signal du meneur, chaque couple change de place. Ne laisser que quelques secondes entre chaque signal.
Cet exercice demande beaucoup de dynamisme et de vigilance :
– vigilance individuelle vis-à-vis du partenaire que l'on doit suivre scrupuleusement ;
– vigilance de chaque couple face aux mouvements des autres ;
– dynamisme, car l'espace doit être occupé le plus largement possible.

▶ *Cet exercice doit garder un aspect ludique. Ne pas le faire durer trop longtemps, car il nécessite une grande dépense physique.*

20 Les frères siamois

Objectif

Contact deux à deux.
Confiance dans la proposition du partenaire.
Ludisme.
Développement de l'expressivité.

Déroulement

Cet exercice se situe dans la continuité du précédent. Les participants sont en couple et évoluent deux par deux en s'observant mutuellement. Sur proposition de l'un, l'autre fait la même chose. De façon identique et calquée. Les propositions sont gestuelles, en mouvement, et les plus spontanées possibles. Tout le corps doit participer y compris le visage. Aucune proposition ne peut être refusée même si elle paraît saugrenue ou étrange. Chacun propose à tour de rôle. Chaque couple évolue dans «sa bulle» sans se soucier du travail des autres.

▶ *C'est le corps ici qui s'exprime, on s'efforcera donc de mettre le plus possible le mental de côté.*

LA RESPIRATION

Le comédien installe, dans sa propre respiration, celle du personnage qu'il doit interpréter. Pour cela il se doit d'être en respiration ample et forte afin de pouvoir, symboliquement, accueillir la respiration de celui qui n'est pas lui-même et qui pourtant s'appuie sur lui pour exister.
Si la respiration est sereine, la voix sera juste et belle.
Si la respiration est tranquille, l'émotion transmise par la voix pourra se manifester sur une palette de registres très étendue.
D'autre part, la respiration est le symbole de l'échange humain. On inspire, on prend. On expire, on donne.
Du bon équilibre de ces deux mouvements, de ces deux attitudes, dépend le bon équilibre général de tout individu.
Les exercices de respiration peuvent intervenir en début, mais aussi en milieu de séance pour recentrer le travail, ou encore avant la représentation où ils ont une fonction de concentration et d'aide à la gestion du trac.

21 *Neti-krya*

GROUPE

Objectif Préparation aux exercices respiratoires.
Prise de conscience corporelle.

Matériel Doses de sérum physiologique.
Serviettes en papier.
Gobelets en plastique.

Déroulement Les participants sont réunis en cercle, chacun ayant en main une dose de sérum physiologique, une serviette en papier et un gobelet. Il s'agit de mettre dans une narine la moitié de la dose, de la garder quelques instants dans les fosses nasales, et de l'évacuer par la narine opposée, en laissant couler le sérum dans le gobelet, puis de se moucher énergiquement pour bien libérer les narines. On passe ensuite à la narine suivante.

Commentaires

Cet exercice, qui ouvre la relaxation dynamique en sophrologie, fait partie des exercices yogiques de nettoyage. Il permet une libération tonique nasale avant tout exercice respiratoire. Il a donc une grande efficacité. Bien sûr, le passage du sérum d'une narine à l'autre n'est pas toujours facile à réaliser, mais avec de l'entraînement on trouve la bonne inclinaison de la tête qui facilite ce passage naturel.

22 Respiration à la chaise

GROUPE

Objectifs

Augmentation de l'amplitude respiratoire thoracique.
Détente.
Aide à la gestion du stress.

Déroulement

Chaque participant est assis sur une chaise dans la position dite du pharaon : les pieds au sol, les mains sur les cuisses, les épaules détendues et le dos droit. Les yeux sont fermés.
Après quelques instants de simple détente, le meneur demande aux participants de faire ensemble les mouvements suivants avec la respiration correspondante :
- lever le bras droit devant soi en inspirant;
- «bloquer» l'air tout en étirant le bras devant soi comme si on voulait l'allonger mais sans trop tirer sur l'épaule;
- reposer la main sur la cuisse en expulsant l'air doucement;
- mêmes mouvements avec le bras gauche;
- mêmes mouvements avec les deux bras;
- lever les deux bras sur les côtés en arc de cercle sur l'inspiration jusqu'à poser ses mains sur le sommet de la tête;
- rester quelques instants en apnée;
- ramener les mains à leurs positions de départ en expulsant l'air doucement.

► *Il est souhaitable, après chacun des mouvements, de laisser un temps court afin d'apprécier la sensation présente dans le corps.*
► *Il s'agit d'un exercice respiratoire de détente, il faut donc faire en sorte de le rendre le moins «gymnique» possible!*
► *Le meneur, avant de diriger l'exercice, aura pris soin de montrer les mouvements afin qu'ils soient parfaitement exécutés une fois les yeux clos.*
► *Comme pour tout exercice respiratoire, le meneur devra vérifier s'il y a des spasmophiles ou des asthmatiques dans le groupe afin d'être vigilant sur leurs difficultés éventuelles durant l'exercice.*

23 *Flux et reflux*

GROUPE

Objectifs

Détente.
Prise de conscience du souffle.

Déroulement

Les participants sont en cercle, debout, les jambes au même écart que les épaules, pieds parallèles, sans tension, les yeux sont fermés. Les participants, sur un fond musical évoquant la mer, se mettent à l'écoute de leur propre respiration, sans la forcer d'aucune manière. Il s'agit de prendre conscience du mouvement naturel de la respiration et de se laisser bercer par lui.
On est ici témoin de sa respiration, celle-ci devenant le moteur de la détente et du laisser-aller.

24 La cible

GROUPE

CORPS

Objectifs

Libération des tensions.
Expulsion du trop-plein d'énergie.
Dynamisation corporelle.

Déroulement

Dans la continuité de l'exercice précédent, le meneur fait visualiser une cible posée à 50 cm devant lui. Au centre de cette cible se trouvent placés symboliquement les inhibitions, les craintes, les appréhensions, le trac... Au signal du meneur, chacun replie les bras, poings fermés, sur l'inspiration et vient ensuite briser avec les deux poings cette cible symbolique sur l'expiration. À faire 3 fois pour éliminer cette cible (et son centre) de façon définitive.

Ensuite, toujours les yeux fermés et sous la conduite du meneur, chaque participant se baisse, ramasse les débris et vient poser les mains remplies de ces débris sur son pubis. On laisse alors passer 3 respirations. Puis, afin de parfaire cette libération des tensions, chacun jette au ciel ces débris qui sont alors emmenés par un vent libérateur (qui passait par là au bon moment!).
On effectue 3 respirations amples et profondes avant d'ouvrir à nouveau les yeux.

- *Cet exercice est très profitable pour évacuer le stress ressenti avant la représentation.*
- *Comme le précédent, c'est un des éléments de la relaxation dynamique d'Alfonso Caycedo, créateur de la sophrologie (cf. Bibliographie,* La Relaxation dynamique, *p. 109).*

LE CONTACT

La notion de contact permet écoute, rencontre et sensibilité, trois notions fondamentales dans le travail du jeu théâtral en atelier ou en représentation :
– Écoute du meneur envers les personnes qu'il dirige, écoute des participants envers lui et entre eux, écoute des comédiens en représentation envers le public ;
– Sensibilité et sincérité : travailler les siennes propres mais aussi travailler avec celles des autres.
– Rencontre : se fait si l'écoute est réelle. Elle est la résultante des deux précédentes attitudes.
Il s'agit donc de confiance : les partenaires et le meneur vont permettre une ouverture sur ses propres capacités imaginatives.
Face à la tendance naturelle à se sécuriser en restant dans ses propres frontières, nous devons apprendre à nos élèves, stagiaires, apprentis comédiens, sans brusquerie, à savoir mieux regarder, toucher, appréhender celui ou celle avec qui, à un moment donné, ils auront à travailler, échanger : leur partenaire de jeu.
Ce travail est plus particulièrement important lors de la constitution d'un groupe : il est la base des tous premiers ateliers et se situe en début de séance après quelques exercices de dynamisation.
Tout en pouvant rester ludiques, les exercices de contact permettent une concentration plus grande et servent à apaiser certaines tensions entre les participants.
Ils rendent plus «sérieux» : attentifs au message d'autrui.

25 Photo de groupe

GROUPE

Objectifs

Dynamisation sensible du groupe.
Écoute musicale collective. «Cartographie» du groupe.

Déroulement

Le meneur prépare d'abord un graphique selon le modèle ci-dessous. Ce cercle, en forme de toile d'araignée, est constitué d'autant de parts qu'il y a de participants (A, B, C...).

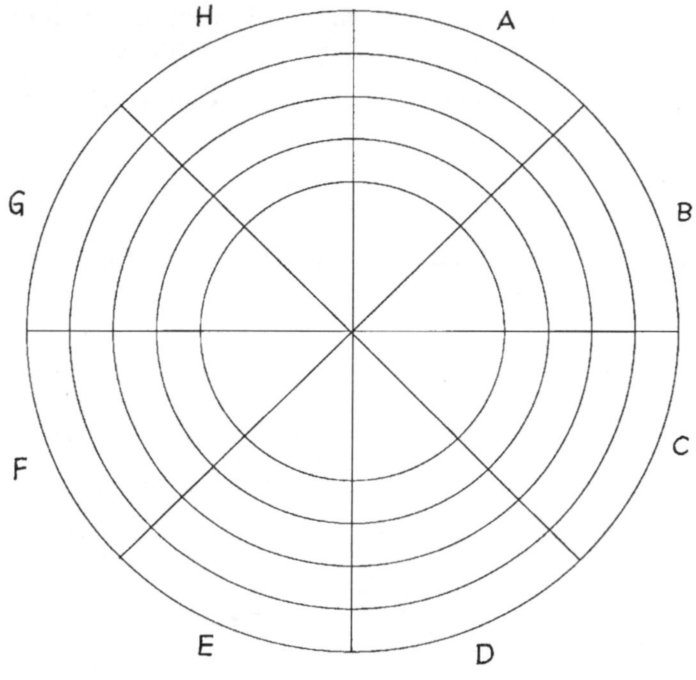

Le meneur propose 5 musiques différentes et, à l'écoute de ces musiques, chacun donne son sentiment, son ressenti, en fonction d'un thème différent pour chacune. L'exercice se passe donc en 5 étapes. Chaque fois on commence par une écoute détendue d'une musique associée mentalement au thème proposé. Puis chacun donne son ressenti que le meneur note dans la partie du graphique correspondante.

Voici un exemple avec un groupe de 8 personnes :

1re musique : Sting, «Saint Agnes and the burning train», thème : une couleur.

2e musique : Henryk Gorecki, *Symphonie n° 3*, 3e mouvement, thème : une porte.

3e musique : «Les grandes voix bulgares», *Chants orthodoxes,* «Vladikou i sviachtenonatchulnika», thème : un sentiment.

4e musique : Dead can dance, «The host of Seraphim», thème : un lieu.

5e musique : Keith Jarret, «Dancing», thème : une partie du corps.

Ce qui a donné la«photo de groupe» suivante :

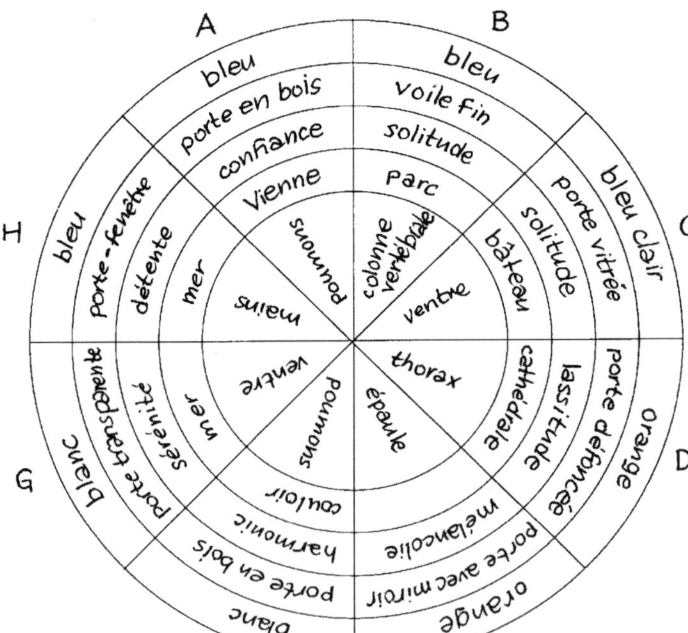

- *Cette «photo de groupe» est un outil très efficace pour connaître la sensibilité d'un groupe à travers les individus qui le composent.*
- *Dans un stage de longue durée cet exercice peut être fait à plusieurs moments, afin de donner une photo évolutive témoignant des changements de sensibilité. Chacun garde, bien sûr, la même place dans le graphique.*
- *Le groupe doit être dans un réel état de détente et de disponibilité.*
- *Il n'est pas rare de rencontrer des ressentis similaires d'un individu à un autre.*
  Les musiques doivent être évocatrices et très diversifiées. Celles citées ici sont données à titre tout à fait indicatif. Vous en trouverez les références précises p. 109 ainsi que d'autres musiques susceptibles d'être adéquates. Vos propres choix musicaux sont évidemment les bienvenus.
- *Un prolongement de cet exercice vous est proposé avec l'exercice 44 : «Photo de groupe : développement» page 91.*

26 Prends/Donne

Objectifs

Préparation à l'improvisation.
Écoute du partenaire.
Apprentissage de la notion de «contrainte».
Développement de l'expressivité.

Déroulement

Deux participants viennent au centre de l'aire de jeu et improvisent plusieurs situations où ils ne doivent utiliser que les mots «prends» et «donne».

- *Cet exercice, que nous aurions pu placer dans la partie «Improvisation», nécessite, de la part des deux participants, une grande disponibilité car la contrainte verbale est ici très stricte.*
- *On peut à tour de rôle utiliser l'un ou l'autre terme ou le même terme au même moment.*
- *Ce qui est important ici, comme dans tout exercice à contraintes, c'est de trouver la liberté et le ludisme dans une situation* a priori *non évolutive.*
- *Il existe une similarité de ton entre cet exercice et le suivant, bien qu'ils ne mettent pas en jeu la même problématique.*

27 Je t'aime/ Je te hais

Objectifs

Être à l'écoute de soi-même.
Être à l'écoute de l'autre.
Travail de la sincérité.
Prise de conscience du lâcher-prise (voir p. 12).

GROUPE

IMPRO

Déroulement

Les participants travaillent par couple face au reste du groupe (qui n'est pas passif mais actif dans son aide à la concentration des deux personnes qui évoluent). La consigne est simple : «Je t'aime/Je te hais», que chacun va dire à tour de rôle ou en même temps, de toutes les façons possibles et dans tous les états possibles. Les participants peuvent évoluer sur le plateau à leur gré (s'éloigner ou se toucher). Si l'un dit : «Je t'aime», l'autre peut répondre : «Je te hais» et le premier reprendre : «Je te hais» tandis que le second dit : «Je t'aime». Plusieurs «Je t'aime» ou «Je te hais» peuvent être dits à la suite.

Deux règles importantes :
– aucun autre mot ne doit être dit,
– la sincérité, est l'élément majeur de ce travail.

Les participants vont ainsi laisser libre cours à leurs sentiments de l'instant, aller chercher en eux, et en l'autre, les multiples façons de dire ces deux phrases et passer ainsi de l'amour à la haine sans oublier la jalousie, l'indifférence, la folie, etc. sans oublier non plus que «Je t'aime» peut être dit avec beaucoup de méchanceté tandis que «Je te hais» peut être dit avec beaucoup d'amour.
Le meneur détermine la durée de l'exercice selon les cas. Certains couples pourront travailler 10 minutes et d'autres 3 minutes. L'écoute et l'attention du meneur doivent être en éveil.

Commentaires

Dans un tel travail, le contrôle de soi est obligatoire. Nous travaillons ici au cœur même du sentiment humain, de la matière humaine : il s'agit d'être sincère tout en contrôlant son propre travail (nous rejoignons la notion de «mentir vrai» décrite par Antoine Vitez). Il n'est pas obligatoire d'être amoureux de son partenaire pour lui dire «je t'aime» mais – et c'est là toute l'ambiguïté, comme tout le merveilleux du théâtre -, sur le plateau, les partenaires doivent exprimer le sentiment amoureux avec sincérité. Il faut donc que l'animateur veille à ce que les participants ne dévient pas et gardent le contrôle d'eux-mêmes.

28 Par l'émoi d'amour[1]

GROUPE

IMPRO

Objectifs

Concentration de tout le groupe.
Le geste comme moyen d'expression.
Être à l'écoute de l'autre.
Rapidité d'expression.
Imposer sa propre vision des choses.

Déroulement

Les participants évoluent sur l'aire de jeu en marche de concentration. Au signal du meneur, l'un d'eux s'en va occuper un coin de l'espace tandis que le reste du groupe se place dans la partie opposée.
La personne isolée doit alors, en direction du groupe, proposer sans délai et le plus spontanément possible un geste d'amour. Elle peut l'accompagner d'un son. Et le groupe doit «répondre» à ce geste d'amour.
La notion de contact intervient ici pleinement car les réponses des membres du groupe doivent, en fait, constituer une seule et même réponse, correspondant à une seule pensée, même si les gestes sont différents.
La notion de tableau vivant doit être présente à l'esprit des participants : chaque individu est la partie d'un tout qui doit être cohérent.

- *Cet exercice peut faire suite à l'exercice 17 qui tiendra alors lieu de préparation.*
- *Selon ce qui est travaillé, les gestes demandés peuvent être : de répulsion, de haine, d'offre, de demande, de rejet, etc.*
- *Certaines personnes introverties vont tout faire pour rester dans le groupe, le meneur doit alors les inciter à prendre la place solitaire et, à partir de là, s'imposer au groupe.*

1. Ce titre a été emprunté à Jean Bois, en hommage à son travail.

Commentaires

Tout comédien est amené un jour à se retrouver seul sur un plateau face à un groupe de comédiens ou face au public, il doit alors, par sa seule présence, savoir s'imposer. Tout se passe comme s'il se disait : «Je suis seul, j'ai choisi de l'être, j'ai quelque chose à vous dire, et vous avez une réponse à me donner.» Il doit donc faire preuve d'une grande confiance en lui.

29 Caresse à distance

Objectifs

Contact sensible à distance.
Acceptation du partenaire.

Déroulement

Les participants sont répartis sur 2 lignes parallèles en nombre égal. Chacun a donc un partenaire en face de lui éloigné d'environ 1 mètre. Au signal du meneur, chacun des participants d'une ligne caresse à distance son partenaire.

- *Comme les participants sont à distance, toute partie du corps peut être caressée.*
- *Le caressé peut bouger son corps au rythme des propositions gestuelles du caressant.*
- *Cet exercice permet de développer les sensations kinesthésiques, c'est-à-dire toutes les sensations ressenties à l'intérieur du corps à travers les muscles.*
- *Après avoir interverti les rôles, on peut proposer que tous soient à la fois caressés et caressants en même temps.*
- *Une musique douce et relaxante est souhaitable (cf. Musicographie, p. 110)*

Commentaires

Cet exercice peut gêner certains participants. Le meneur doit donc l'amener avec douceur afin de les préparer aux sensations fortes que l'exercice peut procurer et donc faciliter les désinhibitions.

30 Imitez-moi

Objectifs
Accepter les propositions de chacun.
Accepter de reproduire cette proposition.
Concentration sur une proposition très précise.
Développer la confiance en soi et accepter d'être meneur.
Travailler l'imitation.

GROUPE

CORPS

Déroulement
Les participants sont tous assis au bord de l'aire de jeu, en ligne. L'un d'eux vient au milieu et prononce une phrase, avec une intonation très précise, accompagnée d'un geste et d'une expression.
Les autres, à tour de rôle, viennent reproduire la phrase avec exactement le même geste, la même expression, la même intonation.

- *Refouler toutes pensées telles que : «Je n'aurais pas eu cette expression, je n'aurais pas dit cette phrase avec cette intonation...» Au contraire : être dans l'acceptation la plus complète et donc disponible pour une observation scrupuleuse afin de pouvoir reproduire l'attitude le plus précisément possible.*
- *La phrase en elle-même n'est que le moteur; c'est l'expression, l'intonation, la gestuelle qui sont à observer attentivement car ce sont elles qui, respectées scrupuleusement, permettent la parfaite imitation.*

31 À vous de jouer

GROUPE

IMPRO

Objectifs

Développer l'humilité : accepter que sa proposition ne soit pas la seule ou qu'elle soit détournée.
Développer l'imagination.
Se concentrer sur une proposition précise et pouvoir aller au-delà.
Rechercher la sincérité avec contrainte de texte.

Déroulement

Comme dans l'exercice précédent, les participants sont assis en ligne, face à l'aire de jeu. L'un d'eux, face au groupe, propose une phrase avec une certaine intonation, un geste et une expression. Les autres, à tour de rôle, viennent redire exactement la même phrase mais en proposant une autre expression, une autre gestuelle, une autre intonation, qui cependant doivent rester en accord avec la phrase.

Il y aura donc, pour une même phrase, autant de propositions qu'il y a de participants, chacun devant observer attentivement ce qui est proposé avant lui. Les différentes interprétations de la phrase doivent être claires et précises dans leur intention, le comédien devant être sincère.

32 L'épaule dénudée

Objectifs

Contact sensible.
Acceptation du toucher.
Ludisme tactile.

Déroulement

Les participants sont séparés en 2 groupes égaux éloignés d'une dizaine de mètres. L'un des groupes tourne le dos à l'autre. Chacun de ses membres a dénudé son épaule et se tient debout, les yeux fermés. Chacun des membres de l'autre groupe choisit un partenaire et s'avance vers lui lentement, à pas de loup, jusqu'à venir poser sa main droite sur son épaule nue. Lorsque ce dernier sent le contact de la main, il doit se concentrer, accorder sa respiration à celle de son partenaire et essayer de deviner qui il est. Quand il pense avoir trouvé, il se retourne et vérifie en silence.

33 La ruche

GROUPE

RESPIRATION

Objectifs

Acceptation du rôle de leader.
Contact collectif.
Ludisme collectif.

Déroulement

Tous les participants sauf un, que nous nommerons ici le leader, sont regroupés en contact et en concentration. Le leader leur fait face.
Le groupe fixe son attention sur la main droite du leader qui leur servira de guide pendant toute la durée de l'exercice. Dès qu'il lève sa main, le groupe émet, bouche fermée, un bourdonnement semblable à celui des abeilles dans la ruche (le son «M» par exemple). D'autre part, il fait bouger le groupe avec sa main, le déplaçant ainsi vers la droite ou vers la gauche.
Il joue sur le volume du son en levant ou abaissant sa main.

- *Le groupe doit obéir au leader dans ses propositions, cependant celles-ci doivent toujours être «acceptables» c'est-à-dire ni trop brusques, ni trop difficiles à exécuter corporellement.*
- *Le leader peut faire évoluer sa «ruche» à différentes vitesses, l'intensité du bourdonnement s'accordant alors à la vitesse.*

34 Le miroir statufié

Objectifs

Contact physique.
Communication ludique.
Confiance en l'autre.
Contact visuel.
Écoute et observation attentives de l'autre.

CORPS

Déroulement

Les participants se mettent par couple. Si possible de taille et de poids sensiblement égaux.

Premier temps

L'un est le «sculpteur» et utilise le corps de son partenaire comme de la pâte à modeler pour en faire une «statue» (reconnaissable ou non, ici place à l'imagination) en le mettant peut-être dans des positions saugrenues, en le portant, le posant, le traînant... Quand toutes les «statues» sont finies, les «sculpteurs» les portent au «musée» (endroit précis du plateau).

Deuxième temps

Deux possibilités :
– chaque «sculpteur» se place face à sa «statue» et doit, avec son propre corps, reproduire son modèle;
– ou/et chaque «sculpteur» se place face à sa «statue» et, petit à petit, geste par geste, prend la forme qu'il lui a donnée tandis qu'au fur et à mesure la «statue», elle, quitte sa forme pour reprendre une position neutre verticale.

Quand tous les «sculpteurs» sont devenus à leur tour «statue», le meneur peut demander d'inverser les rôles.

▶ *Les gestes seront précis et lents. Quand l'un se fait, l'autre se défait. Jamais le contact par le regard ne doit se relâcher. Tout ce travail doit se faire dans une grande harmonie.*

▶ *Le meneur aura soin de préciser en début de travail que jamais on ne doit faire «souffrir» celui qui est «pâte à modeler».*

- *Ne pas oublier que le visage doit aussi travailler et que chaque «statue» doit avoir sa propre expression.*
- *Une musique douce est souhaitable (cf. Musicographie, p. 110).*

Commentaires

Ce travail sert d'entraînement pour toute scène où le corps humain est utilisé comme élément de décor, comme objet, et pour toute scène où deux personnes ont à faire le même geste en même temps, personnages de jumeaux par exemple.

LE JEU DRAMATIQUE

Le jeu dramatique fait appel à toutes les techniques développées dans les parties précédentes (le jeu des corps dans l'espace, le mouvement, l'approche rythmique, le développement des réflexes), mais aussi et surtout à l'imagination, et celle-ci doit être stimulée.
Regarder, étudier, lire, se laisser envahir par un tableau, une sculpture, autant de stimuli dont le comédien a besoin et doit se servir pour aller plus loin dans la recherche et la mise en œuvre de son art. Car il doit être en constante recherche, de lui, des autres, donc de son art puisque c'est celui du partage.
Ici la perfection n'existe pas car le comédien peut toujours «proposer autre chose». Toute proposition doit être acceptée puis étudiée avec le meneur ou le metteur en scène.
Joie, jouissance, amour, humilité, don, travail sont les maîtres mots de cette partie consacrée au jeu dramatique : états et improvisations. Il ne s'agit pas d'accumuler des techniques mais le comédien ou l'apprenti comédien doit faire appel à tout son être, toute sa sensibilité, toute son intelligence. Le jeu dramatique n'est pas un but en soi, mais un moyen de communiquer avec ses partenaires et avec le public.

États

Les états servent à cerner de façon précise
la manière dont s'installe et se développe une émotion
quelle qu'elle soit.
La confiance est ici primordiale :
elle détermine la capacité d'un participant à se donner
au maximum.
C'est par le travail physique et mental,
et les exercices de contact que l'on fera tomber
le mur des éventuelles inhibitions afin d'être prêt
pour le travail sur les états.
Pour faire chacun de ces exercices, il faut une grande
disponibilité à ce qui va se produire,
sans calcul, sans fabrication élaborée *a priori*, sans
tension particulière.
«Être dans l'état» est une manière d'être et d'agir,
un comportement qui engage la personne
dans sa totalité.
Ce travail intervient principalement en fin de séance.

35 Irradier, flotter, voler

GROUPE

CORPS

Entraînement pour toute scène de groupe où le même sentiment doit être exprimé en même temps.

Objectifs

Travail sur la notion de «disponibilité».
Développement de l'écoute.
Concentration de tout le groupe.

Déroulement

Le meneur laisse le groupe évoluer à son gré dans l'espace (en évitant de tourner en rond). À chaque fois qu'il fait une proposition verbale, le groupe s'arrête et mime sur place, sans trop occuper d'espace, la proposition donnée.

L'exercice commence toujours par ces 3 propositions, que chacun doit interpréter :
- irradier ;
- flotter ;
- voler (dans le ciel).

À l'issue des interprétations mimées, soit le meneur les reprend en demandant à chacun d'approfondir son travail, soit il propose d'autres actions (tenir, sculpter, tordre, trancher, palper...) à interpréter en intercalant irradier, flotter, voler comme un leitmotiv.

Commentaires

Nous avons choisi ces trois verbes parce qu'ils représentent trois notions importantes dans l'approche du jeu dramatique :
- irradier renvoie à la présence et au charisme ;
- flotter renvoie au relâchement musculaire ;
- voler renvoie à l'idée d'embrasser et de maîtriser les choses puisqu'on les voit de haut !

36 *L'oiseau passe*

GROUPE

CORPS

Objectifs

Travail de l'expression (corps, visage, regard).
Apprendre à visualiser.
Traduire physiquement un ressenti.

Déroulement

Tous les participants se trouvent sur l'aire de jeu, en marche de concentration. Le meneur énonce une phrase telle que «L'oiseau passe». Tous les participants viennent alors à l'avant-scène regarder passer l'oiseau et expriment avec leur corps, leur visage, leurs yeux ce qu'ils ressentent. Puis ils reprennent leur marche.

Le meneur propose ainsi plusieurs situations pour lesquelles une traduction physique est possible. Quelques exemples :

- L'avion décolle.
- Un dragon arrive.
- Le tonnerre éclate.
- J'aperçois la mer.
- Un train part.
- Un ange passe.

Chaque situation peut durer entre 1 minute 30 et 3 ou 4 minutes.

Commentaires

Les participants doivent être dans le lâcher-prise : c'est leur première réaction qui est à développer, à faire évoluer. Si la première expression, instinctivement, est celle de la peur, elle est sincère (puisque non réfléchie). Elle est nourrie par ce qu'est le participant à ce moment précis. Il ne faut donc pas la rejeter mais bien au contraire la travailler, l'approfondir.
Ainsi l'exécutant doit, peu à peu, prendre de la distance et «pousser» sa recherche : «ma première réaction est une réaction de peur. Quand j'ai peur que se passe-t-il au niveau de ma respiration? au niveau de mes pieds ? de mes épaules ? de ma bouche ? etc.» Il faut donc partir de la spontanéité de cette première expression et l'approfondir.
Il est très important que l'oiseau soit «vu» par l'exécutant, qu'il soit «visualisé». Cela demande une grande concentration et une grande confiance en son imagination. En effet tout comédien doit être capable de «voir» sur un plateau, ce qui n'existe pas, d'en avoir une image mentale précise, à un moment précis, pour que les spectateurs «voient», eux aussi, en même temps que lui. C'est ce regard, cette sincérité qui donneront à tout spectacle sa crédibilité.

37 1, 2, 3, soleil

1/2 GROUPE 1/2

CONTACT

CORPS

Objectifs

Ludisme collectif.
Retrouver un état enfantin.
Intégrer le jeu réel et la composition d'un personnage.

Déroulement

Il s'agit ici tout simplement du jeu auquel nous avons tous joué durant notre enfance. En voici le principe : un meneur face à un mur, et derrière lui un groupe de personnages voulant prendre sa place. Le meneur dit : «1, 2, 3, soleil» en tapant 3 fois sur le mur puis se retourne au moment qu'il choisit et cherche dans le groupe, qui entre temps a avancé vers lui, toute personne qui n'est pas complètement immobile et la renvoie à sa place. Celui qui touche le mur prend la place du meneur.
Cet exercice permet de retrouver ce jeu de l'enfance où la compétition n'est pas vécue dans l'angoisse. Mais, afin de le théâtraliser, nous divisons le groupe en 2 parties égales : les acteurs et les spectateurs. Les spectateurs s'installent perpendiculairement au mur. Quant les acteurs s'immobilisent, ils doivent faire face aux spectateurs et prendre des poses théâtrales, c'est-à-dire exagérées.

- *Les spectateurs, bien entendu, deviennent acteurs dans un second temps.*
- *Nous affublons souvent, dans cet exercice, les acteurs d'un nez de clown afin d'augmenter le comique de la pose prise.*

38 La ronde du caméléon

GROUPE

CONTACT

Objectifs

Composer un personnage avec un état et/ou un sentiment bien précis.
Rapidité d'exécution.
Atteindre la sincérité par le jeu.

Déroulement

Comme le précédent, cet exercice reprend un jeu d'enfance très connu : la chandelle. Tous les joueurs sont assis en cercle sauf un qui tient un mouchoir dans sa main (ou tout autre objet) et tourne autour du cercle. Il doit déposer le mouchoir derrière l'un des participants, le plus discrètement possible. Si celui-ci est toujours à sa place quand il repasse derrière lui, il devient «chandelle» et va au milieu du cercle jusqu'à ce qu'il soit délivré soit par un autre participant «surpris», soit si on place à nouveau le mouchoir derrière lui et qu'il s'en aperçoit.
Ici, le participant qui tourne doit, en plus, interpréter quelque chose ou quelqu'un (un «lion», l'«orage», «une femme en colère») par une démarche, des tics, une expression, un état.

► *Le but du jeu n'est pas de découvrir quel personnage est interprété, mais bien de voir défiler ou plutôt «tourner» et «jouer» des personnages dans des états différents.*

Commentaires

Pourquoi partir d'un jeu enfantin ? Même chez l'adolescent ou l'adulte le plaisir de jouer est extrême et nombreux sont nos stagiaires adultes qui, après un temps de perplexité (nous ne sommes plus des bébés !), se prennent au jeu. L'état de lâcher-prise arrive instinctivement, permettant d'interpréter sincèrement un personnage sans arrière-pensée. Sous prétexte du jeu, des personnages sont «joués», interprétés avec sincérité, donc justesse. Le plaisir de jouer ôte toutes craintes, toute peur d'être jugé.

Improvisation

«Lorsqu'on interroge un acteur japonais sur son jeu, il insiste sur le fait qu'il joue à partir du vide. Quand il joue bien, ce n'est pas le fait d'avoir réalisé une construction mentale préalable mais d'avoir fait le vide[1].»
En accord avec Peter Brook, nous dirons que l'improvisation est un travail fondamental dans l'articulation du fait théâtral.
Nous pouvons même dire que tous les exercices tendent à préparer son éclosion.
L'improvisation est le lieu de la découverte, de la liberté, elle nous permet de mettre en action nos questionnements sur nous-mêmes et sur le monde, de mettre en jeu notre sensibilité et notre imagination. Liberté de créer, de s'exprimer, de construire au gré du développement de notre imaginaire.
C'est dans l'improvisation que le don se réalise.
C'est dans l'improvisation que le contact, l'espace, la voix... trouvent leur finalité. Quant à la contrainte, elle est ici nécessaire, comme garante de cette liberté.
Celui qui improvise se doit de comprendre de l'intérieur ce qui a toujours rendu paradoxal l'art du comédien : la notion de «lâcher-prise», de laisser-aller, associée intimement à la notion de rigueur et d'analyse.
Nous rappelons que, par «lâcher-prise», il faut entendre la non-cérébralité. Le «lâcher-prise» est l'état que l'on atteint quand, au-delà d'une simple détente, l'esprit est enfin mis en sommeil. C'est un état de grande réceptivité et de grande disponibilité.

Exercice 39 : La valise, p. 84.
Exercice 40 : Spaghettis et Vertugadin, p. 85.
Exercice 41 : La fenêtre, p. 86.
Exercice 42 : D'où venez-vous?, p. 87.

1. Peter Brook, *Le Diable, c'est l'ennui,* Actes Sud, 1991.

39 *La valise*

GROUPE

Objectifs	Développement de l'imaginaire. Développement de la capacité de conter. Prise de conscience de l'expressivité du visage.
Matériel	Une valise.
Déroulement	Le meneur pose au centre de l'aire de jeu une valise fermée. Un des participants vient et l'ouvre, regarde à l'intérieur et décrit aux autres ce qu'ils ne peuvent voir. Il est évident qu'il a tout loisir de décrire ce qu'il veut, cette valise pouvant contenir une brosse à dents comme un paquebot, l'Ile Maurice ou la planète Mars... Le participant doit évoquer, décrire tout ce merveilleux qu'il découvre, sans le voir réellement, au groupe ébahi qui le regarde et l'écoute.

40 Spaghettis et vertugadin

GROUPE

CORPS

Objectifs

Rapidité d'exécution.
Se faire confiance : – accepter une proposition,
– accepter d'être leader,
– être sûr de ce que l'on propose.

Déroulement

Les participants sont en cercle, debout. Le meneur choisit l'un d'eux et lui donne un mot. Immédiatement ce participant doit, au centre du cercle, en donner son interprétation gestuelle et sonore. Dès que le mot est entendu, l'interprétation doit commencer. Elle doit être spontanée. Aucune intellectualisation n'intervient.
Le travail devant être visible par tous, l'exécutant «se montre» en tournant.
Les mots proposés feront partie du vocabulaire usuel (ex. : spaghettis), mais aussi d'un vocabulaire plus élaboré (vertugadin), ou même seront inventés. Si le mot n'est pas compris (comme vertugadin), ou s'il n'existe pas, le participant doit quand même en donner sa vision, son interprétation.
Le travail doit être plus gestuel qu'oral, cependant les sons, les onomatopées et les phrases très courtes peuvent être acceptés.
Une fois l'interprétation finie, on peut prolonger l'exercice selon deux axes :
– soit le meneur propose un autre mot à un autre participant,
– soit celui qui vient de jouer désigne lui-même une autre personne en lui proposant un autre mot.

Commentaires

Veiller à ce que le travail ne soit pas succinct : le participant doit développer son impulsion, son geste premier, aller au bout de son idée. C'est au moment où il se sentira «à cours d'idées» qu'une autre surgira, plus forte. Nous avons souvent vu des stagiaires ou des comédiens vouloir arrêter car «ils n'avaient plus d'idées», c'est après les avoir incités à continuer que les propositions devenaient très intéressantes car ils se trouvaient alors au-delà de leurs possibilités premières.

41 La fenêtre

GROUPE

Objectifs

Prise de conscience du «hors-champ».
Développement de la capacité de conter.
Improvisation verbale.

Déroulement

Un des participants est seul face au groupe. Il regarde par une fenêtre imaginaire un événement que les autres ne peuvent voir (accident, altercation, rencontre amoureuse...) et qu'il doit décrire par les gestes et la parole en en rendant toute la densité. Celui-ci ne doit en aucun cas être anodin mais toujours étonnant, surprenant, voire exceptionnel.
Le participant peut être, soit lui-même, soit interpréter un personnage.

42 D'où venez-vous ?

Objectifs

Développement de l'imaginaire.
Composition mentale d'un personnage .
Rapidité d'exécution.
Développement du sens de la répartie.

GROUPE

CONTACT

Déroublement

Sur l'aire de jeu, deux personnages, désignés par le meneur, sont assis face à face de part et d'autre d'une table : l'interviewer et l'interviewé. Ce dernier, qui revient d'un pays (imaginaire ou non), répond aux questions qui lui sont posées obligatoirement sur son voyage dans ce pays. Il doit donc composer un personnage correspondant (façons de parler, langage adapté, tics, etc.).
Toutes les idées seront retenues : on peut revenir du pays de la pâtisserie, du pays de la beauté ou de l'Afrique du Sud. On essaiera toujours d'être inventif.
L'inteviewer doit être très à l'écoute de son partenaire, car c'est lui qui rythme le travail et qui, par des questions pertinentes, peut le ré-orienter.

- *Ici toute l'improvisation est orale, seul le haut du corps travaille et le jeu entre les deux participants doit être celui de la connivence.*
- *Le thème sera le même pour tous les couples mais il ne sera pas préparé.*

Improvisation collective

L'improvisation collective peut paraître assez simple : on donne un thème de travail et le groupe improvise. Mais cette simplicité cache un difficile parcours de compréhension, d'écoute et de disponibilité...
Nous sommes au cœur de la nécessaire dimension de recherche théâtrale; dans l'improvisation il y a beaucoup de «joyaux» dus à la spontanéité des participants et beaucoup de «déchets» dus à leur précipitation.
Dans un tel travail il n'y a pas lieu de rechercher la performance, mais d'explorer, dans la mise en commun des imaginaires de chacun, des terres vierges à défricher, pour le montage d'un spectacle ou plus simplement pour travailler un thème précis.
Avant d'entreprendre tout travail d'improvisation collective, il est nécessaire que chaque membre du groupe ait travaillé le corps, l'espace, le contact et assimilé les 4 règles essentielles que nous expliquons avant chaque séance d'improvisations collectives.

Règle n°1 : accepter le rapport dominant/dominé.
Parfois, je suis le «moteur» de l'improvisation, donc le dominant, mais je dois accepter toutes propositions venant d'un autre participant qui devient à son tour le «moteur» du groupe donc le dominant. J'accepte alors de devenir le dominé. En d'autres termes : «ou je guide, ou je suis guidé».

Règle n° 2 :
Toute proposition doit être totalement explorée.
Chaque idée, chaque geste proposés doivent atteindre un but, aller jusqu'au bout de leur logique.
Cela demande une grande écoute de la part du groupe.

Règle n° 3 :
Tendre à créer des tableaux visuels collectifs.
Faire en sorte que le travail accompli soit toujours un plaisir pour les yeux du spectateur.

Règle n° 4 :
Le plaisir du jeu.
L'improvisation collective est un jeu dans lequel le lâcher-prise doit devenir un grand plaisir, une extrême jouissance pour le comédien.

Quand peut-on pratiquer ce travail?
On peut trouver des thèmes d'improvisations collectives en fonction d'un spectacle précis à monter ou en fonction d'une scène de ce spectacle
ou encore d'une situation qui «bloquerait» et qui, par l'improvisation collective, trouverait un nouveau souffle, une nouvelle voie. On peut aussi se servir de ce travail pour souder un groupe, pour le faire s'interroger «de l'intérieur» sur le processus théâtral, mais aussi pour le simple bonheur de créer ensemble un événement qu'aucun public ne verra jamais.

Exercice 43 : Atmosphères, p. 90.
Exercice 44 : Photo de groupe : développement, p. 91.
Exercice 45 : Le gâteau maléfique, p. 92.
Exercice 46 : Solitaire/Solidaire, p. 93.
Exercice 47 : Big-bang, p. 94.

43 Atmosphères

GROUPE

Objectifs

Constructions d'ambiances collectives.
Faire appel au sens de l'observation pour traduire une ambiance déjà vécue, ou à l'imagination pour créer une ambiance totalement nouvelle pour tous.
Contact, écoute et recherche d'un rythme.
Accepter d'être un individu parmi d'autres, prendre conscience que sans l'un de ses membres un groupe est déstabilisé, et que l'énergie donnée par une personne participe à l'énergie collective : se sentir au cœur du groupe.

Déroulement

Les participants évoluent sur l'aire de jeu en marche neutre, décontractés mais concentrés, prêts à réagir rapidement.
Le meneur donne le thème de l'ambiance à interpréter.
Aussitôt, chaque participant s'en imprègne et le traduit physiquement : gestes, mouvements, sons, bruits, mots. Seules les phrases courtes sont autorisées. Un spectateur doit pouvoir réellement «recevoir» l'ambiance créée. Il s'agit d'être à l'écoute à la fois :
- de ses propres sensations et d'en mettre en œuvre l'interprétation ;
- de ce que «donnent» et «ressentent» les autres.

Une ou des histoires vont ainsi se créer; les 4 règles de l'improvisation collective doivent être présentes dans l'esprit de chacun.
À titre indicatif, nous proposons des ambiances telles que :
- les fonds sous-marins,
- un hall de gare,
- dans le métro,
- sur le marché le dimanche matin,
- dans une église,
- sur la lune,
- au paradis, etc.

▶ *Suggérer de penser aux odeurs, aux couleurs.*
▶ *Il est préférable de travailler sans accessoires, l'ambiance devant être rendue par les gestes, les déplacements, les regards. Le corps est ici l'instrument du comédien.*

44 Photo de groupe : développement

GROUPE

Objectifs

Tous ceux de l'improvisation collective.

Déroulement

La «photo» réalisée lors de l'exercice 25 aura été analysée par le meneur entre les deux séances. Pour reprendre notre exemple, voici l'étude que nous en avons faite :
- Couleur : résultante : bleu.
- Porte : résultante : en verre transparent.
- Sentiment : résultante : solitude.
- Partie du corps : résultante : le haut.
- Lieu : résultante : la mer.

Nous avons donc imaginé le thème de l'improvisation suivant :
«La scène se passe dans les fonds sous-marins, dans un château. Des personnages mécaniques, frappés par une malédiction (ou d'amnésie), ne peuvent utiliser que le haut de leur corps. Ils se sentent très isolés et ont de grandes difficultés de commmunication. Ils essayent de redevenir ce qu'ils étaient avant : un peuple qui vivait sur une île, maintenant détruite. D'autre part, ils ne peuvent pas se reproduire. Il s'agit pour eux de trouver une solution pour sortir de ces fonds sous-marins, et celle-ci se trouve derrière la porte en verre qui laisse transparaître une lumière bleue. Tous sont très solitaires, mais le seul moyen, pour eux, de passer cette porte est de s'unir en une force collective.»
Le meneur donne le thème, l'atmosphère de l'improvisation, et un temps de préparation individuelle. La durée de l'improvisation se situera entre 30 et 45 minutes. Il est intéressant et nécessaire qu'à la fin, et après un temps de «récupération», un bilan et une discussion s'amorcent : critiques, ressentis... Chaque participant doit pouvoir s'exprimer en toute liberté.

Commentaires

Cette improvisation est préparée par l'exercice 25 et lui fait suite. Nous nous servons des «résultats» de la «photo de groupe» pour proposer le thème, ce qui implique que l'exemple décrit ci-dessus n'a pu être réalisé qu'avec un groupe bien précis et à un «moment» de notre travail avec lui.

45 Le gâteau maléfique

GROUPE

Objectifs

Improvisation à partir d'un personnage imposé.
Développement de l'imaginaire.

Déroulement

Le meneur doit tout d'abord déterminer un lieu d'action et inventer une série de personnages avec leurs caractères principaux (autant de personnages que de participants). Les personnages, qui peuvent faire partie d'un milieu social très moral (aristocratie, monde diplomatique, religieux...), sont très rigides dans leurs comportements et leurs attitudes (comtes, comtesses, banquiers, avocats, hommes politiques...). Leur donner des noms et veiller à ne pas utiliser des personnages connus.

Le meneur propose ensuite une situation de rencontre : bal, cérémonie, anniversaire, commémoration... où évolueront les personnages créés.

Chacun des participants tire son personnage au sort. Après un temps de réflexion, on laisse la situation évoluer en improvisation, en s'appliquant à reproduire parfaitement l'atmosphère guindée et un peu fausse, voire hypocrite, de ce genre de situation.

À un moment donné, déterminé ou pas par le meneur, les convives consomment un gâteau dans lequel un «méchant génie» a glissé subrepticement une substance maléfique permettant de lever toutes les inhibitions et conventions.

Chaque personnage, petit à petit, se sent alors, malgré lui, dériver vers la révélation d'une nature débridée, outrancière, grossière et anticonformiste... jusqu'à ce que la réception entre dans une totale folie comportementale.

Après ces moments de liberté, chaque personnage reprend son caractère, culpabilisé de s'être laissé aller, mais avec le souvenir d'un moment pas si désagréable que ça!

46 Solitaire/ Solidaire

Le jeu dramatique

Improvisation collective

GROUPE

Objectifs

Développement d'un imaginaire commun.
Écoute et attention.

Déroulement

Le sujet de cette improvisation est simple, mais si son développement est réussi, il peut donner lieu à un travail riche et complexe.
Le meneur doit proposer une situation dont les personnages se définissent au fur et à mesure de l'improvisation avec, comme thème, le fait que chacun est, à certains moments, solitaire (donc retiré) et, à d'autres, solidaire (donc participant à l'élaboration d'une idée ou d'une gestuelle commune).

Commentaires

L'idée de ce thème vient de la lecture de la nouvelle d'Albert Camus, «Jonas ou l'artiste au travail» dans *L'Exil ou le Royaume*.

47 Big-bang

GROUPE

Objectifs

Développement de l'écoute de soi au sein d'un groupe. Édification collective d'une histoire gestuelle.

Déroulement

Cette improvisation collective part de l'idée que nous portons tous en nous la mémoire du monde, depuis ses origines (le big-bang).
Le meneur, dans l'exposé de ce thème d'improvisation, va faire partager cette idée et brosser avec ses mots, son énergie, sa poésie, un tableau du monde depuis sa création jusqu'à ce que l'homme se mette debout, se socialise et devienne un ancêtre reconnaissable (du minéral, au végétal, à l'animal...).
C'est cette histoire que le groupe devra raconter avec son corps, ses émotions (la parole intervient ici sous forme d'onomatopées, de grognements...).

▶ *Le meneur peut ponctuer l'improvisation par des morceaux de musique.*

Commentaires

Cette improvisation donne toujours des résultats très fédérateurs pour le groupe puisqu'il s'agit de raconter une histoire collective (quoiqu'abstraite). Il est nécessaire, avant tout, de créer un climat de concentration très aigüe et de veiller à ce que l'improvisation ne débute pas trop rapidement.
On peut aussi faire commencer le travail en proposant aux membres du groupe de se tenir en cercle, serrés les uns contre les autres, comme pour représenter la matière primordiale avant son éclatement.

LA RELAXATION

La relaxation est à envisager ici dans un seul but : détendre les participants. À partir de cette détente et du symbolisme développé dans les exercices qui suivent, il s'agit d'amener le groupe à un climat d'accueil et de disponibilité lui permettant non seulement de vivre l'instant en osmose, mais aussi de laisser s'installer le simple plaisir d'être là où l'on se trouve. Car n'est-ce pas le but de tout comédien : vivre son jeu sans entraves et servir le personnage dans la pure joie du relâchement musculaire et mental.

C'est justement ce que permet d'expérimenter une relaxation bien vécue et bien menée.

Les exercices suivants (proches de la sophrologie) trouvent leur place essentiellement en fin de séance.

48 La boule d'amour

Objectifs

Détente physique et mentale.
Prise de conscience de l'énergie collective.
Empathie.

Déroulement

Les participants sont en cercle, les bras le long du corps, les jambes au même écart que les épaules. Celles-ci sont sans tension. Les yeux sont fermés.
Après avoir effectué 3 respirations amples et profondes, les participants restent à l'écoute de leur respiration naturelle (selon le principe décrit dans l'exercice 23 «Flux et reflux»).
Quand le groupe est dans un état de détente perceptible, le meneur demande à chacun d'amener les mains au niveau du pubis, comme s'il tenait une balle, et d'imaginer qu'entre ses mains, il tient ce qu'il a de meilleur en lui-même : générosité, amour, force, tendresse... et d'en prendre bien conscience.
Ensuite, chacun lance en l'air cette balle d'amour symbolique et imagine que toutes les balles se retrouvent au-dessus des têtes formant ainsi une seule et même boule harmonieuse.
À l'indication du meneur, la boule se crève et laisse retomber en confettis les éclats, les embruns de ce que le groupe a de meilleur, de plus fort, de plus somptueux.
Le meneur laissera le groupe vivre ces sensations dans la détente, le calme, avant de le ramener au réel avec douceur.

▶ *Une musique douce est ici souhaitable (cf. Musicographie, p. 110).*

49 Le voyage astral

Commentaires

Guider une relaxation demande au meneur une attention et une vigilance de tous les instants. En effet, le groupe se met en phase avec sa voix, son discours. Il est le guide d'un voyage, il doit donc être parfaitement sûr de lui et surtout avoir envie de faire ce travail, car l'état de réceptivité extrême des participants dans ce genre d'exercice ne permet pas l'approximation ou le tâtonnement.
Il n'est pas nécessaire d'avoir fait des études spécifiques pour mener correctement une relaxation, d'autant que celle décrite ici n'a pas d'ambition thérapeutique. Mais les meneurs qui trouveraient un profond plaisir à guider des relaxations de groupe auront tout intérêt à parfaire leur savoir-faire par la lecture d'ouvrages appropriés ou par quelques stages de sophrologie.

GROUPE

RESPIRATION

Objectifs
Détente du corps et du mental.
Développement de l'imaginaire.

Déroulement
Les participants sont allongés au sol, les bras le long du corps. Les yeux sont ouverts, dans un premier temps, et fixent un point au plafond. Le meneur fait effectuer 3 respirations profondes sur un rythme calme et fluide. Puis on ferme les yeux et un rapport différent à soi-même se met en place : calme et confiant.
Le meneur aide les participants à détendre chaque partie du corps depuis le front jusqu'aux pieds. Sa voix doit être ferme et caressante. Les participants ne font pas «l'effort» de se détendre, au contraire ils laissent leur corps effectuer le travail avec la nécessaire expérimentation du «lâcher-prise» propre à ce genre d'exercice. Après cette détente du corps entier, on revient à 3 respirations amples et profondes.
Le meneur insiste ensuite sur la prise de conscience de la densité du corps, de ses points d'appui sur le sol. Puis il utilise un texte similaire à celui-ci :
«Prenez conscience que vous êtes dans cette salle, allongés. Cette salle se situe dans la ville de X. Imaginez que vous sortez de cette salle, que vous voyez les environs (description). Survolez ces lieux comme un oiseau et

voyez maintenant la ville, regardez l'agitation, les voitures, les gens, la vie de cette ville. Continuez à monter dans le ciel, voyez la région puis la France et, comme si vous alliez quitter la Terre, en volant avec délice et bien-être, voyez l'Europe, puis le Monde, puis la Planète... et quittez-la. Laissez-vous dériver dans les nuages qui se raréfient de plus en plus s'attachant encore à vous comme des lambeaux doux et partez dans l'espace, allez à la rencontre des étoiles et des autres planètes. Sentez-vous libre, merveilleusement libre, lâchez définitivement contraintes et soucis, laissez-vous mener par le vent. Vous êtes dans le Cosmos...»
Ici laisser un temps pour permettre à chacun de vivre ce voyage avant de faire refaire le même chemin en sens inverse jusqu'à la conscience du corps et de ses appuis. Ensuite refaire circuler l'énergie dans chacune des parties du corps, des pieds à la tête, avant d'ouvrir les yeux pour retrouver le point de fixité au plafond. Effectuer alors 3 respirations amples et profondes, signaux du retour à la réalité.

- *L'utilisation d'une musique douce est ici plus que souhaitable (cf. Musicographie, p. 110).*
- *Vérifier que la salle de travail est suffisamment chauffée afin que les participants soient à l'aise pendant la durée de la séance (entre 20 et 30 minutes).*

50 Les cinq sens

Objectifs Prise de conscience des cinq sens.
Détente physique et mentale.

Matériel Chaises.

Déroulement Les participants sont répartis dans l'espace, assis sur des chaises dans la position dite «du pharaon» : les pieds au sol, les mains sur les cuisses, le dos droit et la tête dans l'axe de la colonne vertébrale. Les yeux sont fermés.
Le meneur fait faire un «passage en revue» des cinq sens selon le protocole suivant :

- 3 respirations amples et profondes ;
- ouïe : écoute de tous les bruits extérieurs à la salle de travail (durée : 3 minutes);
- toucher : sans bouger, ni les mains ni les pieds, prise de conscience du sol sous la voûte plantaire puis de la sensation du tissu sous les mains (et éventuellement de la peau sous le tissu) (durée : 4 minutes);
- odorat : exploration des odeurs de la pièce (durée 2 minutes);
- goût : prise de conscience de l'intérieur de la bouche, du palais, de la langue. On avale de la salive et on essaye de suivre son trajet dans le corps jusqu'à l'estomac comme si l'on se goûtait soi-même (durée : 3 minutes);
- vue : les yeux toujours fermés, on laisse défiler mentalement images, impressions, scènes diverses comme si l'on assistait à un film, sans s'investir émotionnellement : on reste spectateur (durée : 4 minutes);

2 à 3 respirations amples et profondes avant le retour au réel.

▶ *Les durées sont données à titre indicatif. Elles peuvent varier en fonction du ressenti du groupe.*

▶ *Il est préférable de ne pas utiliser de musique afin que chacun puisse rester centré sur lui-même.*

▶ *Cet exercice est repris de la relaxation dynamique d'Alfonso Caycedo (cf. Bibliographie, Dr Hubert, p. 109).*

ANNEXES

Le stage en internat : déroulement du travail

Journée 1	15 h -16 h	1. Présentation des formateurs et de l'intendante. 2. Présentation des stagiaires. 3. Présentation des axes du stage : – entraînement physique (yoga, massages, relaxation); – travail théâtral à travers l'improvisation; – travail sur l'énergie : explication de la conception de l'énergie et du travail selon les différents moments de la journée; – travail de groupe : écoute, générosité, entente, émotion, vers la plus grande homogénéité possible. 4. Quelques précisions d'intendance. *Pause de 15 à 20 minutes*
	16h15 -18h30	1. Ronde d'entrée dans le travail/concentration (voir séance type). 2. Exercice 14 : «Boule d'énergie». 3. Exercice 15 : «Visions réelles». 4. «Le miroir» (cf. *60 exercices d'entraînement au théâtre*, Retz). 5. Exercice 34 : «Le miroir statufié». 6. Exercice 18 : «Le filet du pêcheur». 7. Exercice 20 : «Les frères siamois». *Pause de 10 minutes* 8. Exercice 11 (les 2 temps) : «Palper l'espace». 9. Exercice 24 : «La cible».

	21h-23h	1. Présentation de *Monsieur Butterfly* par les formateurs. Présentation des personnages : le clown, les enfants. Débats critiques : voir les thèmes dégagés, p. 18. 2. L'interview : – les stagiaires se présentent eux-mêmes, – les formateurs leur posent des questions (sous forme de jeu théâtral).
Journée 2	9h-9h30	Séance d'entraînement physique : yoga. *Pause de 9 h 30 à 10 h*
	10h-12h30	1. Ronde de concentration. 2. Exercice 43 : «Atmosphères». 3. «Le mentir vrai» (en musique) (cf. *60 exercices d'entraînement au théâtre*) avec accessoires : 1 chaise, 1 chapeau, 1 corde. 4. «Caisses de résonance» (cf. *60 exercices d'entraînement au théâtre*).
	14h30-19h	1. Ronde de concentration. 2. Exercice 38 : «La ronde du caméléon». 3. Exercice 7 : «Marchons sous la pluie». 4. Exercice 29 : «Caresse à distance». 5. Explications des règles et de la pratique des improvisations collectives (cf. «Improvisation collective», p. 88). 6. Improvisation collective sur le thème : «Ni avec toi ni sans toi». Durée : 30 minutes. En musique, avec accessoires : valises, cordes, chaises, chapeaux. 5 minutes de préparation mentale individuelle. *Pause de 30 minutes*

		7. Bilan de l'improvisation. Individualiser les critiques. 8. Relaxation.
Journée 3	8h30-9h15	Entraînement physique : yoga. *Pause de 15 minutes*
	9h30-10h30	Exercice 25 : «Photo de groupe». 5 musiques et 5 thèmes : – La Callas / Partie du corps – Pat Metheny / Mot – Spondo / Personnage connu – Bach / Sorte de maison – Sœur Marie Queyrouz / Couleur
	14h-19h	1. Ronde digestive. 2. Exercice 14 : «La boule d'énergie». 3. Exercice 28 : «Par l'émoi d'amour». 4. Exercice 24 : «La cible». 5. Exercice 44 : «Photo de groupe : développement» (durée : 45 minutes). 6. Bilan de l'improvisation. *Pause de 30 minutes* 7. Exercice 9 : «Le pas de l'ours». 8. Exercice 50 : «Les cinq sens» (allongé). 9. Ronde de fin de séance (en musique).
	21h-23h	Séance de massages : exercice 12 : «Peau à Peau».
Journée 4	10h30-11h30	Entraînement physique : yoga.
	11h30-12 h30	1. Ronde. 2. Exercice 37 : «1, 2, 3, soleil». 3. Exercice 36 : «L'oiseau passe». 4. Exercice 39 : «La valise» (par couple).

	15h-19h	1. Ronde digestive. 2. Exercice 30 : «Imitez-moi». 3. Exercice 31 : «À vous de jouer». 4. Exercice 46 : «Solidaire/Solitaire» (par couple) avec accessoires. Préparation : 20 minutes. Durée : 15 minutes par couple *Pause de 20 minutes* 5. Exercice 35 : «Irradier, flotter, voler». 6. Exercice 32 : «L'épaule dénudée». 7. Exercice 11 : «Palper l'espace». 8. Exercice 13 : «Le cercle polarisant». 9. Exercice 14 : «La boule d'énergie».
	22h30-0 h	1. Ronde digestive. 2. Improvisation collective. Durée : 1 heure. Accessoires : 1 chaise par participant, 1 boîte sur chaque chaise, 1 papier dans chaque boîte. Thème : «Personnages au purgatoire». Sur le plateau, autant de chaises que de participants, disposées en rond. Sur chaque chaise, 1 boîte. Dans chaque boîte, un papier sur lequel est écrit la raison pour laquelle chacun se trouve au purgatoire, ex. : «Je n'ai pas secouru mon prochain». 3. Bilan de l'improvisation.
Journée 5	11h -12h	Entraînement physique : yoga.
1	5h-18h	1. Projection du film : Rain Man de Barry Levinson 2. Discussion autour des thèmes du film et de *Monsieur Butterfly*.
	0h-4h	Improvisation collective. Durée : 2 h 30. Les «provocations» étaient les suivantes : – pour chacun une carte postale comportant une phrase du *Prophète* de Khalil Gibran;

		– costumes et accessoires à volonté; – décor préparé par les formateurs avant que les participants n'entrent dans la salle; création d'une ambiance; – livres de peinture à consulter avant l'improvisation; – un mot donné à chacun sur les thèmes de l'amour et de la différence.
Journée 6	14 h-15 h	1. «Allô maman» (cf. *60 exercices d'entraînement au théâtre*) 2. Exercice 8 : «Sauts de puce» 3. Improvisation sur le thème : «Je dois être utile à l'autre» (par couple). 4. Improvisation collective sur le thème «Je suis ce que tu veux que je sois». Plateau nu. Durée : 10 minutes.
	18 h-21 h	1. «Caisses de résonance» (cf. *60 exercices d'entraînement au théâtre*). 2. «Allô maman» (cf. *60 exercices d'entraînement au théâtre*). 3. Exercice 32 : «L'épaule dénudée». 4. Exercice 11 : «Palper l'espace». *Pause de 15 minutes* 5. Exercice 21 : «Neti-krya». 6. «Le mentir vrai» (cf. *60 exercices d'entraînement au théâtre*). 7. Improvisation individuelle dirigée avec mots ou phrases.
Journée 7	10h30 -11h30	Yoga.
	11h30 -11h45	Exercice 48 : «La boule d'amour».
	11h45-12 h	Ronde de fin de stage en musique.
	12h30 -13h30	Bilan écrit par les stagiaires.

Emploi du temps

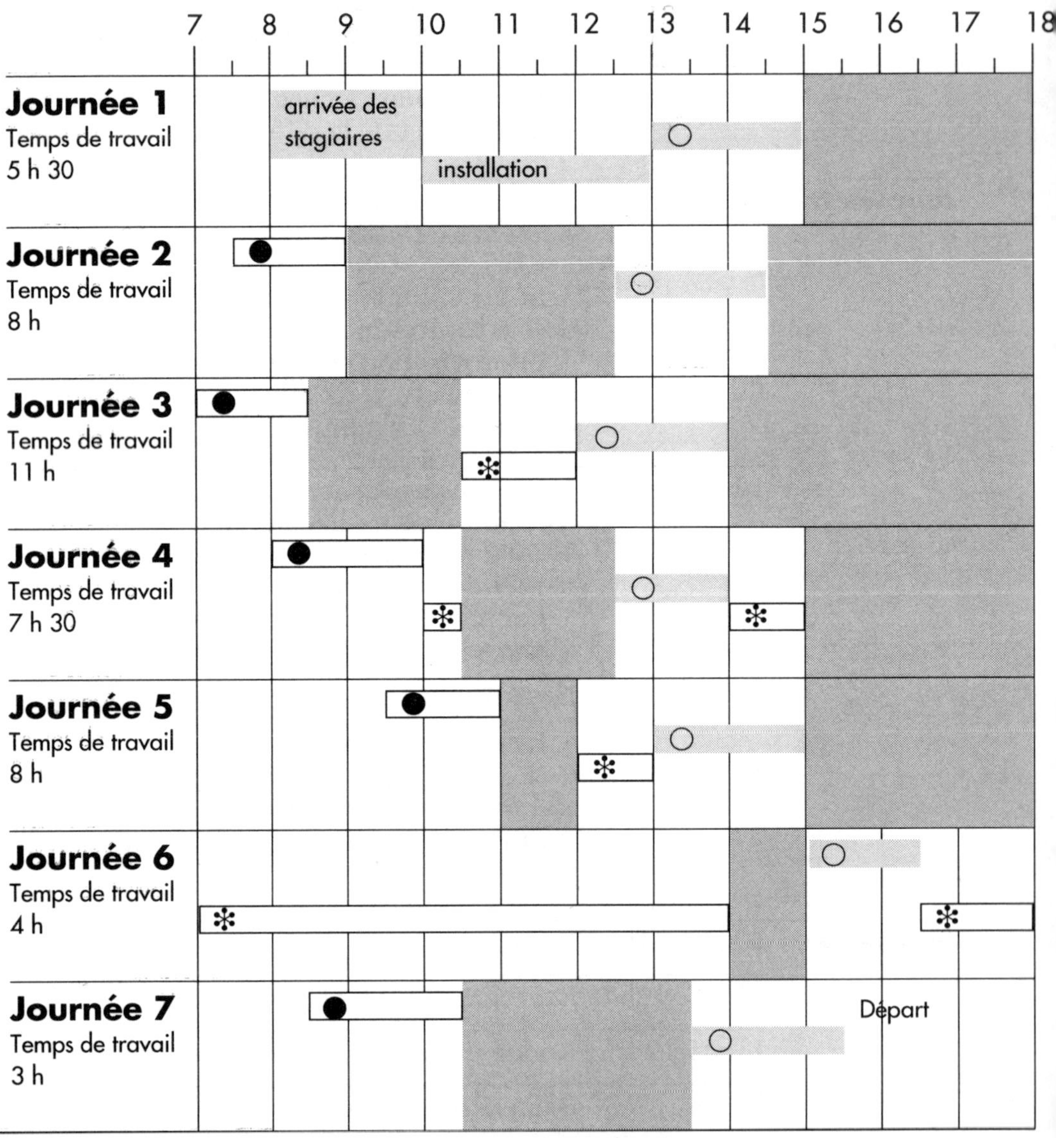

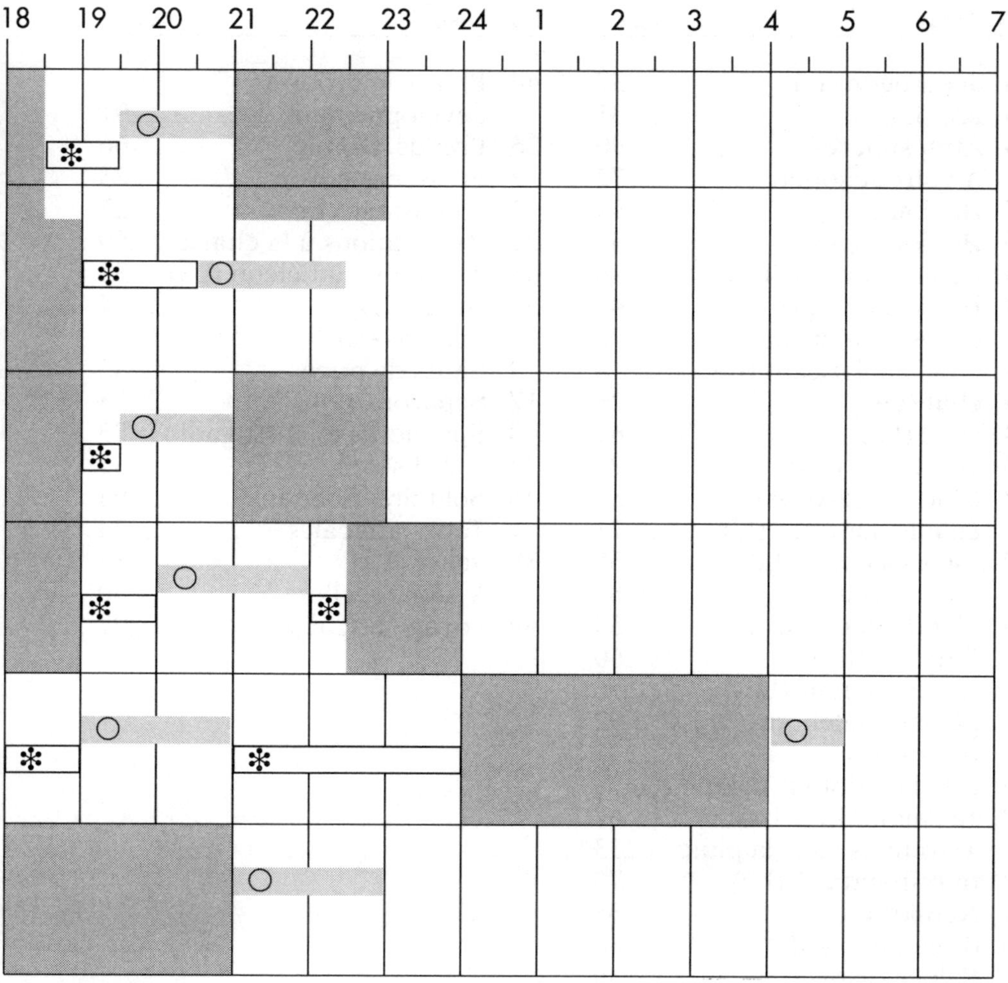

● Petit déjeuner
○ Repas
✻ Temps libre
▒ Scéance de travail

Le stage en internat : déroulement du travail

Références

BIBLIOGRAPHIE

Boal Augusto, *Jeux pour acteurs et non-acteurs,* Maspéro, 1983.
Brook Peter, *Le Diable, c'est l'ennui,* Actes Sud, 1991.
L'Espace vide, Le Seuil, 1977.
Buten Howard, *Monsieur Butterfly,* Le Seuil, 1987.
Dr Davrou Y., Maquet J.-C., *Guide pratique de la sophrologie,* Retz ,
Forget Maud, *La Route de la joie,* Fleurus, 1976.
Gibran Khalil, *Le Prophète,* éd. De Mortagne, 1983.
Gordon Richard, *La Polarité,* éd. Soleil, 1990.
Dr Hubert J.- P., *La Relaxation dynamique,* Centre de sophrologie de Paris.
Lagrange Sophie, *Mille ans de théâtre,* éd. Milan, 1993.
Gilles Morand, *Massage et polarité,* éd. de Mortagne, 1989.
Pageot P.-L., *Comment développer son magnétisme personnel,* éd. Dangles, 1952.

Voir également *60 exercices d'entraînement au théatre,* Retz, 1993.

ADRESSE UTILE (sophrologie)
École française de sophrologie humaniste
16, rue de La Tourgarnier
16000 Angoulême

MUSICOGRAPHIE

Références des musiques citées dans l'exercice 25 : «Photo de groupe» :

- Dead can dance : «The host of Séraphim» dans *The Serpent Egg,* Virgin.
- Henry Gorecki : 2 mouvement de la *Symphonie n° 3,* Warner music.
- Sting : «Saint Agnes and the burning train» dans *The Soul Cages,* AM records.
- Les grandes voix bulgares : *Chants orthodoxes,* Auvidis.
- Keith Jarret : «Dancing» dans *Changeless,* ECM.

Autres musiques utilisables pour cet exercice :

- Pat Metheny : «Above the teetrops» dans *Secret Story,* Geffen.
- René Aubry : «Prière» dans *Steppe,* Média 7.
- Jordi Savall : «Gavotte du tendre» dans *Tous les matins du monde,* Auvidis.
- Kip Hanrahan : «Make love 2» dans *Vertical's Currency,* American clavé
- Spondo : «Lem yérago» dans *Spondo,* éd. Ballon noir.

Musiques de détente et de relaxation

– *Écoute la mer,* éditions Morisset.
– Alfred Brendel/Bach, *Concerto italien,* Phonogram.
– Roland Hollinger, Orient-*Occident pulsations,* Terra-incognita.
– Robert Gass/On wings of song, *From the goddess,* Spring hill music.
– Henry Gendrot, *Musique d'harmonisation,* Ellébore.
– A. Fertier, J.-M. Dubois, *Détente-musique,* Ellébore.
– Michel Saugy, *Alizé,* Ellébore.
– Arvo Part, Tabula rasa, ECM.
– Steven Halpern, *Spectrum suite,* Oréade music.
– René Aubry, *Dérives,* Média 7.
– Dead can dance, *Into the labyrinth,* Virgin.
– Vivaldi, *Stabat mater.*
– Santiago J. Roux, *Zéphyr,* Ellébore.
– Trilok Gurtu, «OM» dans *Ufsret.*
– Benat Achiary, «Django» dans *Lila purpréa.*
– Saint-Saens, Requiem.
– Sheila Shandra, *Weaving my ancestors' voices,* Real World.
– Schubert, *Impromptus.*
– Michel Saugy, «Navicula», dans *Océanique,* Ellébore.
– Vangelis, *Thèmes.*
– Michel Pépé, *Purification.*
- L. Subramanian, *Le violon de l'Inde du Sud.*

Conception graphique et mise en pages :
Studio Primart

Coordination éditoriale :
Annie Herschlikowitz

Illustrations :
Catherine Beaumont

Achevé d'imprimer en septembre 1994
sur les presses de l'Imprimerie Carlo Descamps
59163 Condé-sur-l'Escaut
Dépôt légal : septembre 1994
N° d'éditeur : 688
N° d'imprimeur : 8770